金牌数独游戏
SUDOKU

进阶篇

谢金伯 ◎主编
中国数独国家队原教练

吉林科学技术出版社

图书在版编目（CIP）数据

金牌数独游戏. 进阶篇 / 谢金伯主编. -- 长春 ：
吉林科学技术出版社，2025. 6. -- ISBN 978-7-5744
-2253-7

Ⅰ. G898.2

中国国家版本馆CIP数据核字第2025TZ2754号

金牌数独游戏 进阶篇
JINPAI SHUDU YOUXI JINJIE PIAN

主　　编	谢金伯
出 版 人	宛　霞
责任编辑	朱　萌　丁　硕
书籍装帧	长春美印图文设计有限公司
封面设计	长春美印图文设计有限公司
幅面尺寸	145 mm×210 mm
开　　本	32
印　　张	6
字　　数	100千字
印　　数	1～4 000册
版　　次	2025年6月第1版
印　　次	2025年6月第1次印刷

出　　版	吉林科学技术出版社
发　　行	吉林科学技术出版社
地　　址	长春市福祉大路5788号
邮　　编	130118

发行部电话/传真　0431-81629529　81629530　81629531
　　　　　　　　　81629532　81629533　81629534

储运部电话　0431-86059116

编辑部电话　0431-81629518

印　　刷　长春新华印刷集团有限公司

书　　号	ISBN 978-7-5744-2253-7
定　　价	29.90元

微信扫码

☑ AI学习助手
☑ 高手训练营
☑ 解题技巧集
☑ 数学游乐园

前　言

　　数独是什么？数独的形式可能与我国古代的河图、洛书有一定的相似性。现代数独的雏形是18世纪瑞士天才数学家欧拉所创的拉丁方阵。20世纪70年代，美国的杂志以"数字拼图"为名将其重新推出。1984年，日本引入"数字拼图"，并将其加以改良，重新命名为"数独"，又加入更多规则，形成了外形固定且种类丰富的现代数独。1997年，新西兰籍人高乐德到日本旅游时发现数独游戏，随后他在英国的《泰晤士报》上发表数独专栏，使数独很快风靡全英国。之后，他又在网络上建立数独论坛，使全球玩家可以系统全面地了解数独，学习数独技巧，加速了数独在全世界范围的流行。

　　本书除难易不同的数独题外，还设有"趣味小妙招"章节，详细介绍了数独的常见技巧。所谓"工欲善其事，必先利其器"，数独游戏中的这些技巧正是我们从入门到精通的工具。另外，为方便数独爱好者记录攻破数独题目的时间，我们在每个题目右侧设置了时间记录表。

　　"金牌数独游戏"系列图书共四册，分别是《入门篇》《初级篇》《提升篇》《进阶篇》。让我们一起享受数独带来的乐趣吧！

标准数独组成元素和规则

标准数独的组成元素如下（以九宫数独为例）。

格：数独盘面最小的单位，每格只能填一个数字。

行：横向九个格的集合。如右图用字母 A ~ I 标示的横行，共有九行。

列：纵向九个格的集合。如右图用数字 1 ~ 9 标示的纵列，共有九列。

宫：用粗线划分，3×3 方形共 9 格组成的区域（如图 1）。

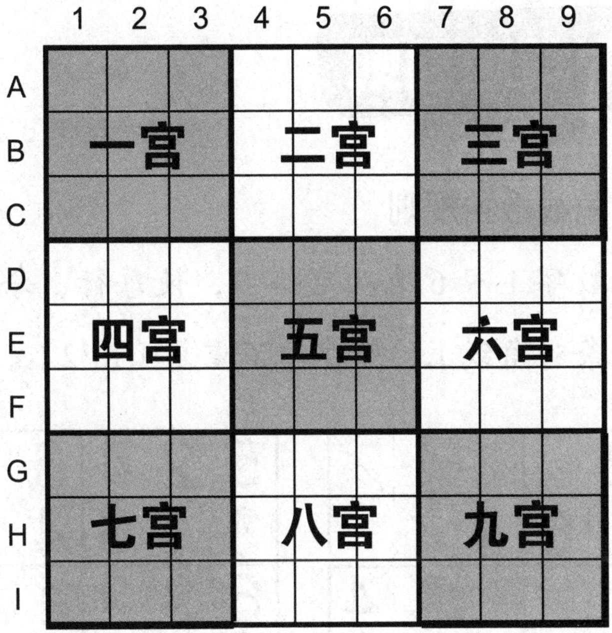

图1

　　标准数独游戏规则（以九宫数独为例）：将数字1至9填入空格内，使每行、每列及每个宫内的数字只出现一次。

变形数独规则

对角线数独规则

将数字 1 ~ 6 填入空格内，使每行、每列、每宫和两条对角线上的数字均不重复（图2）。

	2			1	
		6	4		
6					4
1					2
		3	5		
	5			3	

（a）

5	2	4	6	1	3
3	1	6	4	2	5
6	3	2	1	5	4
1	4	5	3	6	2
2	6	3	5	4	1
4	5	1	2	3	6

（b）

图2

连续数独规则

将数字1~6填入空格内，使每行、每列和每宫内的数字均不重复。灰色粗线两侧格内数字之差为1，没有灰色粗线的相邻两格内数字之差不能为1（图3）。

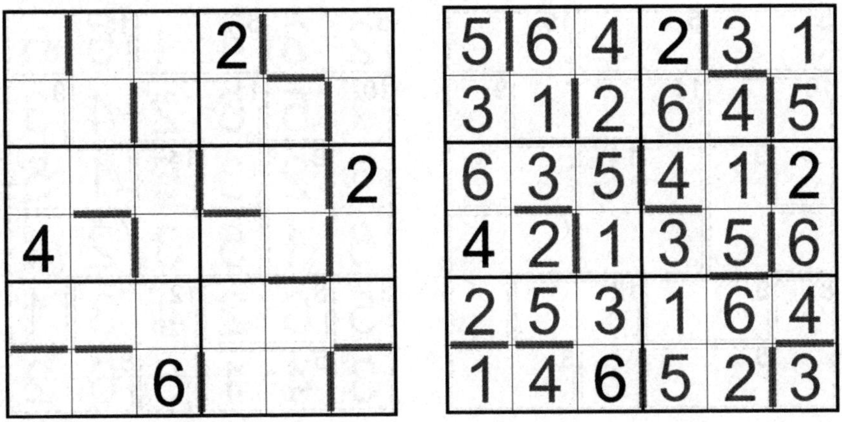

（a）

（b）

图3

杀手数独规则

将数字 1 ~ 6 填入空格内,使每行、每列和每宫内的数字均不重复。虚线框内提示数表示框内所有数字之和,同虚线框内不能填入相同的数字(图4)。

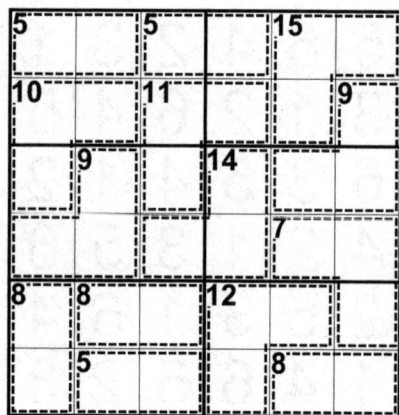

(a)

(b)

图4

奇偶数独规则

将数字 1 ~ 9 填入空格内，使每行、每列及每宫内的数字均不重复。灰色圆圈格内只能填入奇数，灰色方块格内只能填入偶数（图 5）。

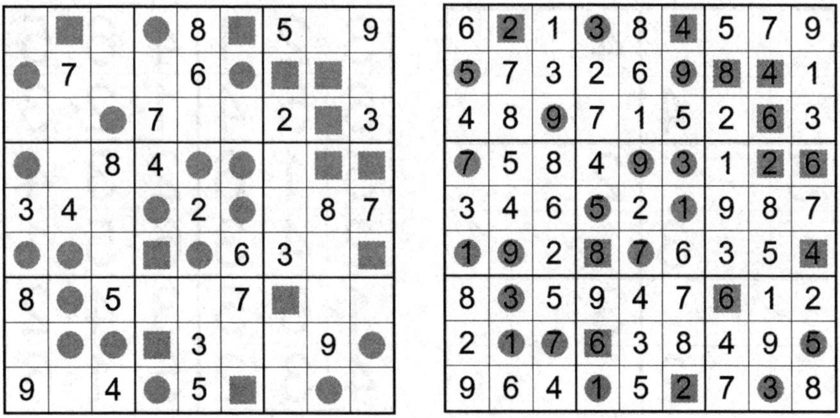

（a）

（b）

图 5

9

不等号数独规则

将数字 1 ~ 6 填入空格内，使每行、每列和每宫内的数字均不重复。盘面内的不等号表示两侧格内数字的大小关系（图 6）。

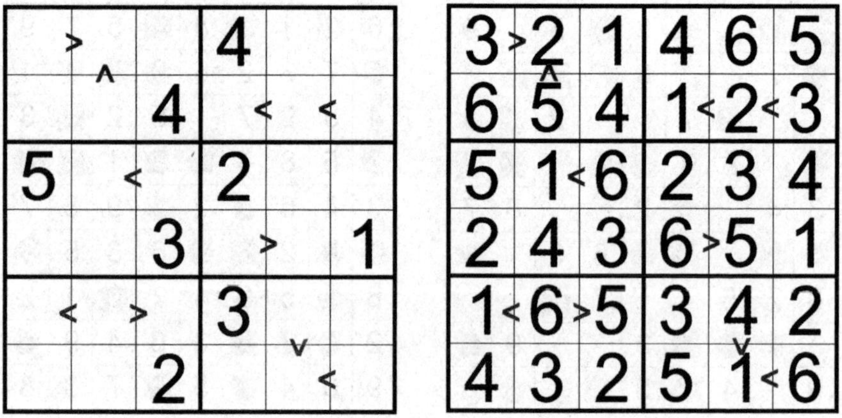

			4		
	4				
5		2			
	3				1
		3			
	2				

（a）

3	2	1	4	6	5
6	5	4	1	2	3
5	1	6	2	3	4
2	4	3	6	5	1
1	6	5	3	4	2
4	3	2	5	1	6

（b）

图 6

目录

目录

趣味小妙招

标准数独区块排除法

区块排除法是指基于宫内排除法，将区块作为辅助条件的排除法。在学习区块排除法前，让我们先来了解一下什么叫作区块。

如图 7 所示，F2 格的数字 6 对五宫进行排除，在五宫内数字 6 的位置可以在 D6 格，也可以在 E6 格，我们把这种在同一宫两格（或三格）内必含某数字的情况叫作区块。

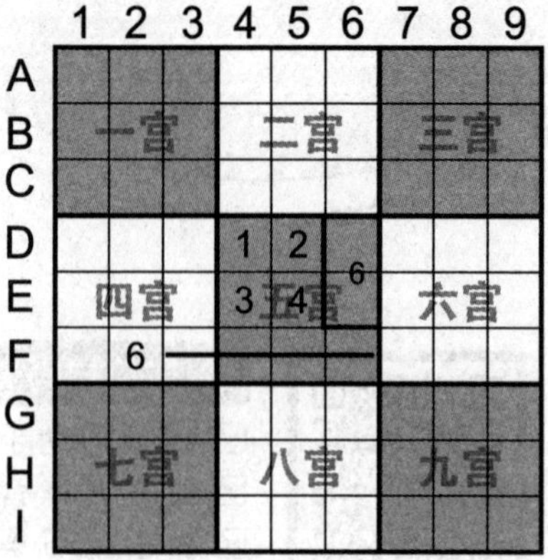

图7

现在我们了解了什么是区块，接下来一起学习区块排除法吧。如图 8 所示，B2 格的数字 9 对三宫进行排除，在三宫内得到一个含数字 9 的区块，该区块可以对 9 列其他格产生排除效果。所以我们可以看到，这个区块数字 9 的位置虽然不确定，但可以作为一个间接的线索对别的区域起到排除效果。

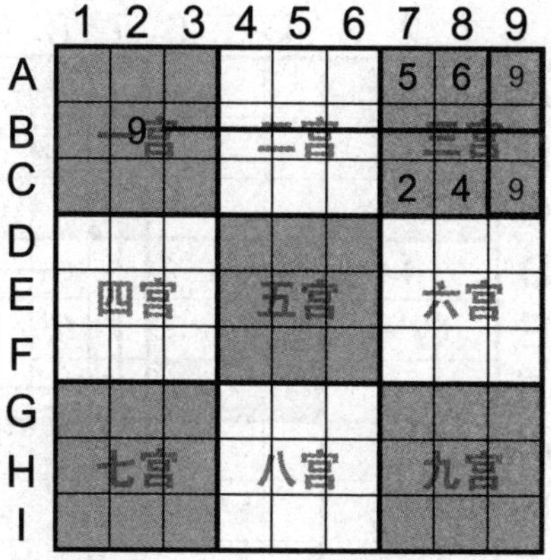

图8

下面我们再来看另一种形式的区块。如图 9 所示，D2 格的数字 4 对五宫进行排除，得到五宫内的数字 4 只能在 F4、F5 和 F6 三格中的一格内，由于这三格处于同一排，且符合无论哪格最终填入数字4，都可以排除F行其他格填入数字4的可能，所以F4、F5和F6格也是一个区块。利用该区块配合其他几处已知数字4，可以对六宫进行排除，得到E8格可以填入数字4。通过此例我们看到，区块排除法是如何与宫内排除法结合推理出数字的。

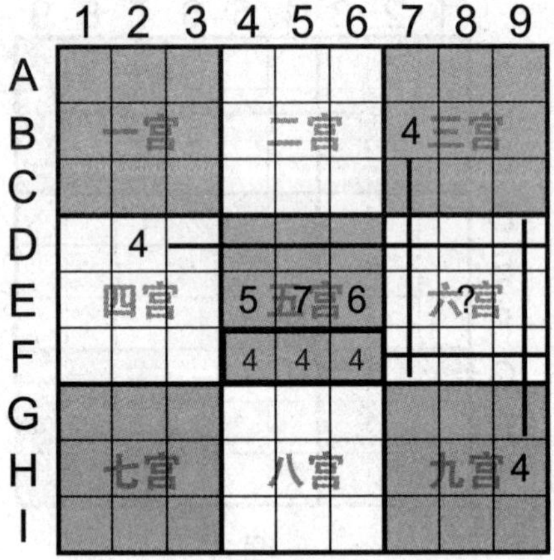

图9

标准数独唯余法

在数独游戏中，唯余法是利用某个空格所在行、列和宫中已填入的八个不同数字，来确定该空格应填入的唯一未出现的第九个数字。

如图 10 所示，C 行有已知数字 7、9、6、8，5 列有已知数字 1、4、2、5，这时上述出现的 8 个不同的数字同时对 C5 格产生影响，使 C5 格只能填入未出现的数字 3。我们将这种根据出现的 8 个不同数

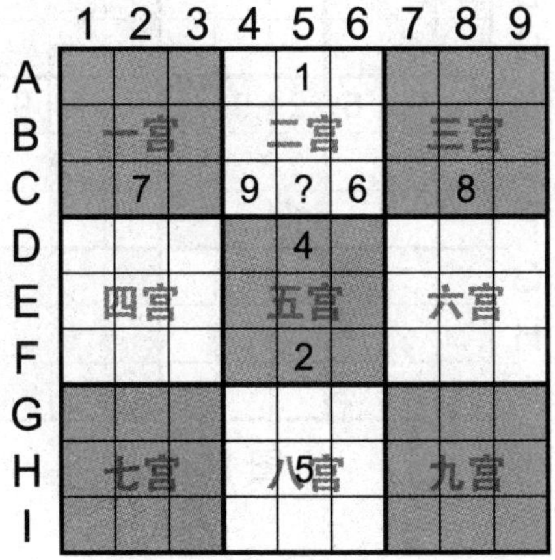

图 10

字使得某格只剩一个数字可填的方法称为唯余法。

除了上面示例中由一行和一列内出现数字形成的唯余形式外，还可以寻找一行与一宫的8个数字，或者一列与一宫的8个数字形成唯余产生的线索。

如图11所示，D行有已知数字5、6、2、8、4、7、9，六宫有已知数1、7、9，这两个区域内的8个不同数字同时对D8格产生影响，使得D8格只有数字3可以填，这也是典型的唯余法示意图。

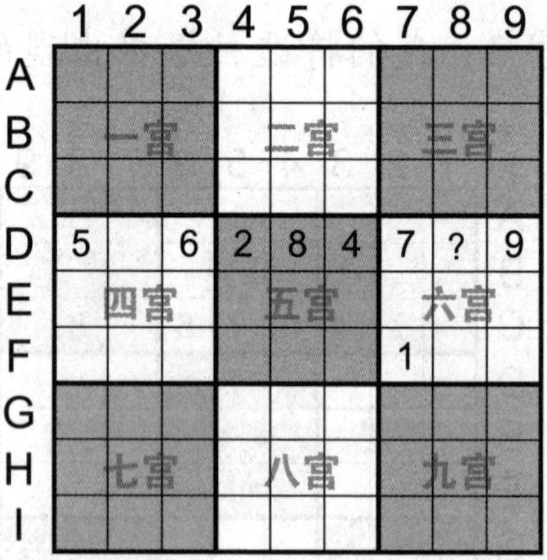

图11

在解题时，我们如何有效地运用解题技巧呢？通常，解题初期我们会采用排除法进行初步推理，这包括宫内排除法、行列排除法和区块排除法。当运用排除法无法继续推进时，我们可能需要借助唯余法来找到突破口。需要注意的是，在排除法真的没有线索时，可以先从空格较少的行、列或宫内数出缺少的数字，再在周围寻找是否有这些数字可以在这个区域内形成唯余线索。

标准数独例题解析

将数字 1～9 填入空格内，见图 12，使每行、每列和每宫内的数字均不重复。

由于宫内排除法是利用几个相同数字对某个不含该数字的宫进行排除定位，所以某数字已知个数较多，相对而言就更容易根据线索找到答案。我们开局找出个数较多的已知数字进行观察，并利用它对未出现该数字的宫进行排除。观察题目发现，已知数字中数字 2 比较多，先用它进行排除。

图12

观察图 12，发现四宫和七宫没有数字 2，在这两个宫周围找可以对其排除空格的数字 2。利用 D7、F5 和 B3 三格的数字 2 对四宫进行排除，得到四宫内 E2 格填入数字 2。利用 G6、H9 和 B3 三格的数字 2 对七宫进行排除，得到 I1 格填入数字 2，见图 13。

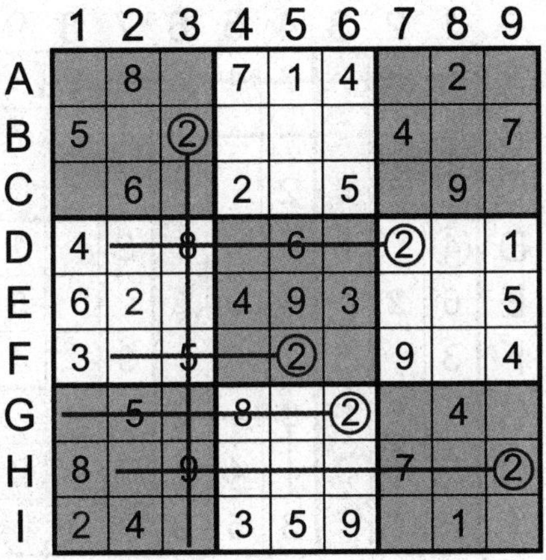

图13

再换一个个数较多的已知数字进行观察，如数字 4。观察数字 4，可以先利用 A6、B7 和 D1 三格的数字 4 对一宫进行排除，得到 C3 格填入数字 4。再利用 A6、E4 和 G8 三格的数字 4 对八宫进行排除，得到 H5 格填入数字 4，见图 14。

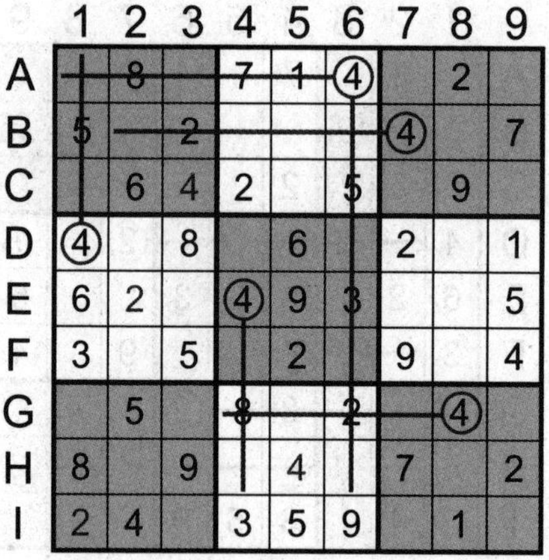

图14

经过对数字2、4的排除，相信大家了解如何对这种开局空格较多的数独进行观察了。随后我们继续找个数较多的已知数字进行排除，如数字5、9等。可以利用宫内排除法依次得到三宫内A7格填入数字5，九宫内H8格填入数字5和五宫内D4格填入数字5。四宫内D2格填入数字9，一宫内A1格填入数字9，二宫内B4格填入数字9和九宫内G9格填入数字9，见图15。

图15

此时，题目已完成一半，后续的步骤可以采用宫内补数的思路全部完成，最终答案见图16。

图16

变形数独常用技巧

对角线数独：线内排除法

如图 17 所示，利用 E4 和 F3 两格的数字 5 对左斜对角线进行排除，F3 格的数字 5 可以排除掉 C3 格的数字 5，E4 格的数字 5 可以排除掉 D4、E5 和 F6 三格的数字 5，因此可以得到左斜对角线上只有 A1 格可以填入数字 5。

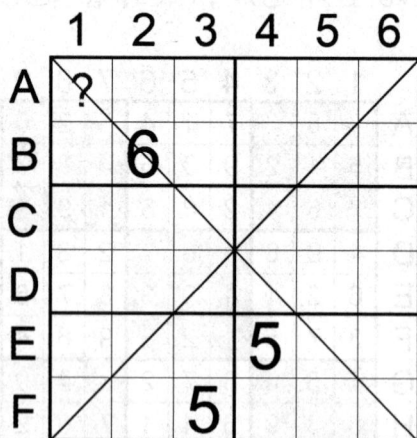

图 17

连续数独：连续符号的推导

如图 18 所示，连续数独开局通常从已知数旁边有连续符号的位置开始推理。B6 和 C6 两格间有连续符号，由于 B6 格内是数字 3，则 C6 格内应当是数字 2 或 4，再根据 6 列已经出现数字 2，所以 C6 格只能填入数字 4。同理，与 E6 格有连续关系的 F6 格内，不能填入数字 3，只能填入数字 1。

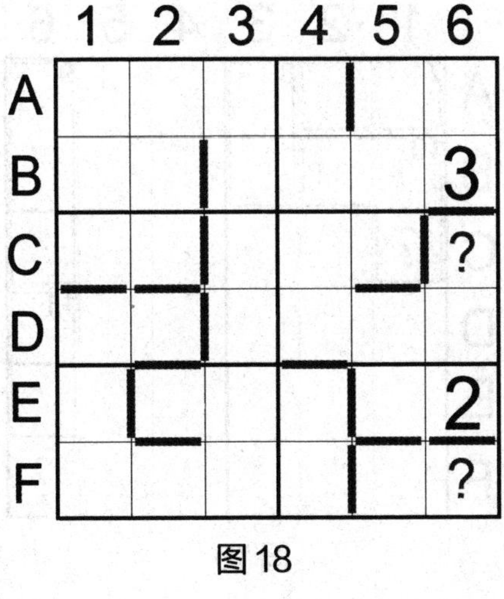

图18

杀手数独：21法则

如图 19 所示，找出若干虚线框与某宫或某行列内数字总和形成的差值。一宫内数字 1～6 的总和为 21，而一宫内三个虚线框提示数总和为 7+8+10=25，三个虚线框比一宫多出 C1 一格内的数字，那么 C1 格的数字为 25-21=4。同理，6 列数字总和为 21，那么 F6 格内的数字为 21-9-11=1。

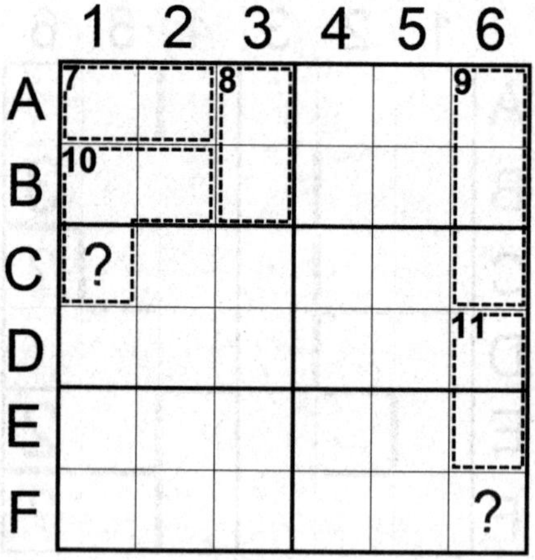

图 19

26

奇偶数独：唯余法

如图 20 所示，灰色圆圈格内只能填入奇数，而 B4 圆圈格由于周围的已知数，已经不能填入数字 1、3、5、7，那么只剩最后的奇数 9 可填。

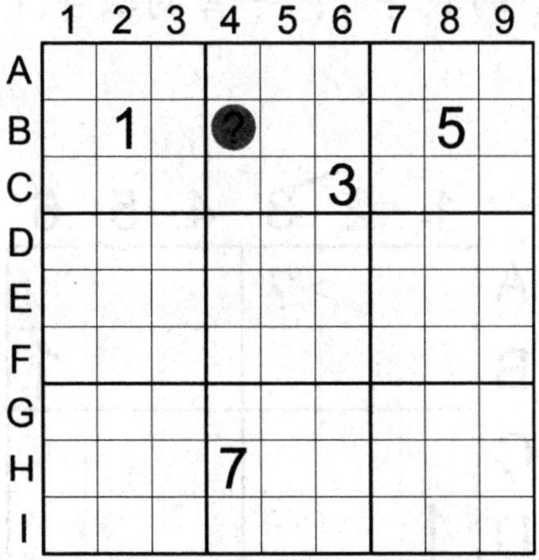

图 20

不等号数独：利用不等号判断极值

如图 21 所示，不等号可以判断两侧数字的大小关系。利用 B6 和 D1 两格的数字 1 对一宫进行排除，由于 A2 格数字大于 A3 格数字，所以判断 A2 格内不能填入最小的数字 1，一宫的数字 1 只能填在 A3 格内。

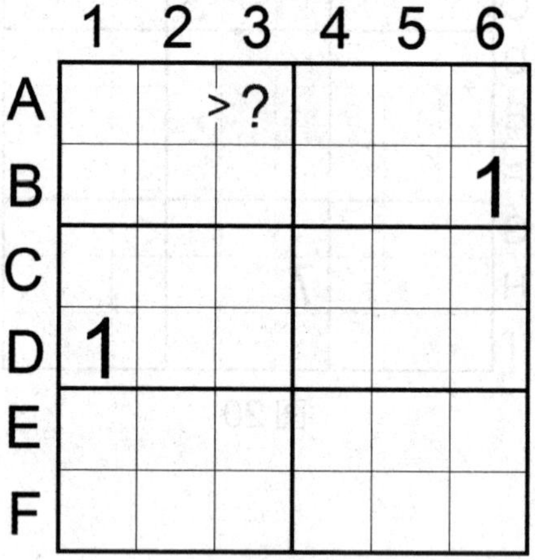

图 21

九宫数独

001

6				7	9		8	
4			8			2	3	6
5	6					3		
	7	8		9		6	2	
		3					5	9
9	3	6						1
	1		9	6				3

完成时间

第一次：__分__秒

第二次：__分__秒

第三次：__分__秒

第四次：__分__秒

002

4		2	1					
	5					1	8	
		7		5		3	9	
			6		8			9
		4				2		
5			9		2			
	2	9		8		7		
	4	8					3	
					3	9		8

完成时间

第一次：__分__秒

第二次：__分__秒

第三次：__分__秒

第四次：__分__秒

003

				8	2		1	
		5						6
		1	9			7		3
		3					5	4
		8	7	4	3	9		
4	9					3		
5		9			4	8		
1						6		
	8		5	2				

完成时间

第一次: __ 分 __ 秒

第二次: __ 分 __ 秒

第三次: __ 分 __ 秒

第四次: __ 分 __ 秒

004

	8		2				6	
3				9	4			2
4				8		7		
	3	4			6			8
		5	9		2	4		
6			7			1	5	
		3		6				1
5			3	2				7
	6				1		3	

完成时间

第一次: __ 分 __ 秒

第二次: __ 分 __ 秒

第三次: __ 分 __ 秒

第四次: __ 分 __ 秒

005

1		9		3			4	
3	8	5	2		1			9
2					9		3	
							7	3
			4		5			
8	6							
	1		9					4
9			8		3	6	5	7
	3			6		2		1

完成时间

第一次：__ 分 __ 秒

第二次：__ 分 __ 秒

第三次：__ 分 __ 秒

第四次：__ 分 __ 秒

006

		2		9		3	6	
			4	5		2	8	
					6			
				4			1	7
	7	6		1		9	3	
8	4			7				
			2					
	5	9		6	4			
	2	7		8		1		

完成时间

第一次：__ 分 __ 秒

第二次：__ 分 __ 秒

第三次：__ 分 __ 秒

第四次：__ 分 __ 秒

007

	2	7		4			6	
	6				5			
5	1		6	7				4
7				8				1
	3		9		7		4	
6				2				3
8				6	1		5	7
			8				1	
	5			9		4	8	

完成时间

第一次: __ 分 __ 秒

第二次: __ 分 __ 秒

第三次: __ 分 __ 秒

第四次: __ 分 __ 秒

008

	8		2		1	5	6	
					7			3
7		5			3		2	
9		8			4			
	3	1				8	4	
			5			2		9
	5		4			3		2
8			1					
	4	6	9		5		8	

完成时间

第一次: __ 分 __ 秒

第二次: __ 分 __ 秒

第三次: __ 分 __ 秒

第四次: __ 分 __ 秒

009

9			1		8		4	
1		7			6	9		
6	8							7
				8				2
		8	9		5	4		
4				1				
7							2	4
		2	3			6		8
	4		2		7			5

完成时间

第一次：__分__秒

第二次：__分__秒

第三次：__分__秒

第四次：__分__秒

010

	7		2			6	3	
2					3			4
		3		7	6			
	3		5	1				8
	8	2				4	1	
9				8	2		6	
			9	6		5		
3			7					2
	5	9			4		8	

完成时间

第一次：__分__秒

第二次：__分__秒

第三次：__分__秒

第四次：__分__秒

011

4		5	2					
1	9							
				9	7			6
3	5			7	4			9
	8	7	3		2	4	6	
6			1	8			5	3
7			9	2				
							3	5
					6	2		7

完成时间

第一次：__ 分 __ 秒

第二次：__ 分 __ 秒

第三次：__ 分 __ 秒

第四次：__ 分 __ 秒

012

	4		1					
	5		2	4		1	3	
3			9	7				6
9	3							
4			3	9	8			7
							9	4
6				5	4			3
	8	4		3	2		7	
					9		6	

完成时间

第一次：__ 分 __ 秒

第二次：__ 分 __ 秒

第三次：__ 分 __ 秒

第四次：__ 分 __ 秒

013

			7			9	2	
			9	5		6		1
		8						
		1		8		7		2
	9		5		7		8	
8		6		2		5		
						8		
7		2		6	4			
	4	9			1			

完成时间

第一次：__ 分 __ 秒

第二次：__ 分 __ 秒

第三次：__ 分 __ 秒

第四次：__ 分 __ 秒

014

3	6			2				
					7		9	
	2				3	1	6	7
8	5		3	1				
		4		7		9		
				9	5		3	4
7	8	2	5				4	
	1		7					
				6			7	3

完成时间

第一次：__ 分 __ 秒

第二次：__ 分 __ 秒

第三次：__ 分 __ 秒

第四次：__ 分 __ 秒

015

8	6			1				
9			4					
1	4		8	9	2			
5		9	7	2				
7				6				2
				5	9	7		1
			9	4	5		8	7
					1			5
				7			6	9

完成时间

第一次：__分__秒

第二次：__分__秒

第三次：__分__秒

第四次：__分__秒

016

		4		9		5	1	
								4
			6	5		8		
	2			6			5	
6	4	5		3		7	9	2
	3			4			8	
		1		2	3			
5								
	7	2		8		3		

完成时间

第一次：__分__秒

第二次：__分__秒

第三次：__分__秒

第四次：__分__秒

017

				8	7		6	
		8	6			5		2
6		4	5		9		8	
	2						7	
		9				2		
	6						4	
	4		7		5	1		8
3		5			4	9		
	9		8	3				

完成时间

第一次：__ 分 __ 秒

第二次：__ 分 __ 秒

第三次：__ 分 __ 秒

第四次：__ 分 __ 秒

018

					2			9
	8		4		3			
9				5				1
	6	9				1		4
1		3		6		7		8
8		7				3	6	
3				1				2
			7		9		4	
2			8					

完成时间

第一次：__ 分 __ 秒

第二次：__ 分 __ 秒

第三次：__ 分 __ 秒

第四次：__ 分 __ 秒

019

5							2	
8			6		9			
	2					6	1	7
	7		9			2		
	6		2		1		3	
		8			7		4	
7	8	1					6	
			7		6			1
	5							3

完成时间

第一次：__ 分 __ 秒

第二次：__ 分 __ 秒

第三次：__ 分 __ 秒

第四次：__ 分 __ 秒

020

9				8	3		2	
5			4					9
		7	1	9				
		5				9		
	6	4				2	1	
		3				5		
				5	8	4		
7					1			3
	3		6	7				5

完成时间

第一次：__ 分 __ 秒

第二次：__ 分 __ 秒

第三次：__ 分 __ 秒

第四次：__ 分 __ 秒

021

9	2			3	1		5	
		4	9	6		8		
				9	8			2
5			4	2	3			8
3			7	1				
		1		5	4	6		
	5		6	8			1	7

完成时间

第一次：__ 分 __ 秒

第二次：__ 分 __ 秒

第三次：__ 分 __ 秒

第四次：__ 分 __ 秒

022

		3	9			7	2	5
		7		1	6		9	
	7	4						2
9	1			6			5	7
2						6	4	
	8		6	7		2		
7	2	6				1	8	

完成时间

第一次：__ 分 __ 秒

第二次：__ 分 __ 秒

第三次：__ 分 __ 秒

第四次：__ 分 __ 秒

023

2				7		8		9
					8			
			4	5		3		2
				4		1	6	
8		6		1		9		7
	3	4		6				
7		5		8	4			
			2					
6		2		3				1

完成时间

第一次：__分__秒

第二次：__分__秒

第三次：__分__秒

第四次：__分__秒

024

		5			4			
2				1	9	6		
3			2				7	1
	4			3	8			7
		3		4		5		
8			9	6			2	
1	8				5			3
		9	8	7				6
			4			7		

完成时间

第一次：__分__秒

第二次：__分__秒

第三次：__分__秒

第四次：__分__秒

025

		1				9		
	5						2	
			4	5			7	
	3		8	9		7		
	6	5	1	2	7	3	4	
		9		4	6		1	
	8			6	2			
	1						5	
		3				6		

完成时间

第一次：__分__秒

第二次：__分__秒

第三次：__分__秒

第四次：__分__秒

026

		6	1	3	5			
4	1							5
				9			3	
9		2					4	
	7	1				5	2	
	8					9		6
	4			8				
7							5	1
			4	6	1	7		

完成时间

第一次：__分__秒

第二次：__分__秒

第三次：__分__秒

第四次：__分__秒

027

		3		9	7	4		8
		5			4			7
	4			2			5	
				3	2	7		
	2						6	
		6	9	4				
	9			7			8	
5			4			9		
6		7	1	5		3		

完成时间

第一次：__ 分 __ 秒

第二次：__ 分 __ 秒

第三次：__ 分 __ 秒

第四次：__ 分 __ 秒

028

3			5					7
						5	1	
7		5	1	8			9	
1			9			6		8
	3						7	
2		6			3			9
	1			9	6	3		4
	9	4						
5					4			6

完成时间

第一次：__ 分 __ 秒

第二次：__ 分 __ 秒

第三次：__ 分 __ 秒

第四次：__ 分 __ 秒

029

	8		1				2	
	9			2	3	8		
5			4	9				
9								8
7		1				3		5
6								9
				6	1			2
		7	8	4			6	
	6				5		9	

完成时间

第一次：__ 分 __ 秒

第二次：__ 分 __ 秒

第三次：__ 分 __ 秒

第四次：__ 分 __ 秒

030

		2		9	8			
		7				9		
	5						1	
	2			5	3	6		
	6	8	2	7	1	4	9	
		1	4	8			5	
	4						6	
		9				1		
			7	4		3		

完成时间

第一次：__ 分 __ 秒

第二次：__ 分 __ 秒

第三次：__ 分 __ 秒

第四次：__ 分 __ 秒

031

			1	6			9	3
1	4		8				7	
				2	9		1	
	2							7
6				7				1
7							6	
	5		9	1				
	1				7		3	9
2	9			5	8			

完成时间

第一次: __ 分 __ 秒

第二次: __ 分 __ 秒

第三次: __ 分 __ 秒

第四次: __ 分 __ 秒

032

					4			8
		8		9	2			
1	2			7	5			3
						2		4
		2	7	4	1	3		
7		4						
9			5	2			6	7
		7	4	3		8		
2			6					

完成时间

第一次: __ 分 __ 秒

第二次: __ 分 __ 秒

第三次: __ 分 __ 秒

第四次: __ 分 __ 秒

033

1		7	3					
		9		6		4	5	
	6					3	2	
			8		2			5
		1				7		
6			5		7			
	1	2					4	
	7	5		2		9		
					4	5		2

完成时间

第一次：＿ 分 ＿ 秒

第二次：＿ 分 ＿ 秒

第三次：＿ 分 ＿ 秒

第四次：＿ 分 ＿ 秒

034

		2	8		4	5	9	6
	5		2			4		
	3			5		8		2
	1	5						
			6		3			
						9	7	
4		8		7			5	
		3			2		8	
7	6	1	5		9	2		

完成时间

第一次：＿ 分 ＿ 秒

第二次：＿ 分 ＿ 秒

第三次：＿ 分 ＿ 秒

第四次：＿ 分 ＿ 秒

035

		9						
	8			6	4		2	
		2			7	6		8
				3		1	4	7
	6	4		7		2	5	
9	7	1		2				
4		5	2			3		
	2		7	4			8	
						4		

完成时间

第一次：__ 分 __ 秒

第二次：__ 分 __ 秒

第三次：__ 分 __ 秒

第四次：__ 分 __ 秒

036

3	5			2			7	
	4			5	7			
		1						
7				9				2
9	1	6		7		5	3	8
5				6				1
						9		
			6	1			2	
	9			8			1	4

完成时间

第一次：__ 分 __ 秒

第二次：__ 分 __ 秒

第三次：__ 分 __ 秒

第四次：__ 分 __ 秒

037

	2		7	9				
		6			8	4	3	
		8			4			7
1			5			6		
2		7				5		8
		5			9			3
9			4			1		
	6	2	9			7		
				6	5		4	

完成时间

第一次：__分__秒

第二次：__分__秒

第三次：__分__秒

第四次：__分__秒

038

	1	4		6				
	6	9	7	5	1			
	7		2					
6	2		1	7				
	8			4			6	
				8	6		7	1
					5		1	
			8	1	9	5	2	
				2		4	9	

完成时间

第一次：__分__秒

第二次：__分__秒

第三次：__分__秒

第四次：__分__秒

039

							2	
		2	6		8	7		
	4			2		3	5	6
3				7		6		
	2	7	5		1	4	9	
		4		9				5
4	1	6		8			3	
		3	7		4	5		
	7							

完成时间

第一次：__ 分 __ 秒

第二次：__ 分 __ 秒

第三次：__ 分 __ 秒

第四次：__ 分 __ 秒

040

2								3
		9				4		
		7		3	1			
5				8	3	9		
4		3	9	1	6	8		2
		2	7	5				6
			8	4		6		
		4				1		
9								5

完成时间

第一次：__ 分 __ 秒

第二次：__ 分 __ 秒

第三次：__ 分 __ 秒

第四次：__ 分 __ 秒

041

		6		2	8	1		
	9		4	5			7	8
7			6	8				
6			5	7	1			9
				4	3			5
3	4			6	2		9	
		2	1	9		4		

完成时间

第一次：__分__秒

第二次：__分__秒

第三次：__分__秒

第四次：__分__秒

042

6	8							
	1				7	4		2
9	7	2			4		5	
	4			1		5	9	
8								4
	3	5		2			6	
	5		3			6	4	9
4		9	8				3	
							1	5

完成时间

第一次：__分__秒

第二次：__分__秒

第三次：__分__秒

第四次：__分__秒

043

1					9		5	
7	9			2		4		
			3			7		
		2			7			
	4		2		8		1	
			1			2		
		6			5			
		3		1			4	8
	8		9					3

完成时间

第一次：__分__秒

第二次：__分__秒

第三次：__分__秒

第四次：__分__秒

044

			6				9	
7						1		
			5			2		8
	1		2	3				
4		2		9		8		1
				4	6		5	
3		4			7			
		5						7
	2				3			

完成时间

第一次：__分__秒

第二次：__分__秒

第三次：__分__秒

第四次：__分__秒

045

5					4			
		9		7			3	
	1	7		5				
					5	1		6
			7	8	9			
9		3	6					
				2		5	4	
	3			4		2		
			1					8

完成时间

第一次：＿ 分 ＿ 秒

第二次：＿ 分 ＿ 秒

第三次：＿ 分 ＿ 秒

第四次：＿ 分 ＿ 秒

046

4				7				
	1				8	4		
7					3			
	3				2	5		1
		7		6		8		
6		1	8				7	
			3					9
		6	1				4	
				8				3

完成时间

第一次：＿ 分 ＿ 秒

第二次：＿ 分 ＿ 秒

第三次：＿ 分 ＿ 秒

第四次：＿ 分 ＿ 秒

六宫
对角线数独

047

		6		
6		1		
			5	2
4	2			
			3		1
		3		

完成时间

第一次：__ 分 __ 秒

第二次：__ 分 __ 秒

第三次：__ 分 __ 秒

第四次：__ 分 __ 秒

048

		5		
5		6		
	2		6	
	4		3	
		3		2
		4		

完成时间

第一次：__ 分 __ 秒

第二次：__ 分 __ 秒

第三次：__ 分 __ 秒

第四次：__ 分 __ 秒

049

	4				
			4		5
				6	1
6	3				
3		2			
				5	

完成时间

第一次：__ 分 __ 秒

第二次：__ 分 __ 秒

第三次：__ 分 __ 秒

第四次：__ 分 __ 秒

050

	3	4			
			4		
				6	5
6	1				
		1			
			5	1	

完成时间

第一次：__ 分 __ 秒

第二次：__ 分 __ 秒

第三次：__ 分 __ 秒

第四次：__ 分 __ 秒

051

	6	5			
			6		5
	4				
				1	
6		3			
			3	5	

完成时间

第一次：__ 分 __ 秒

第二次：__ 分 __ 秒

第三次：__ 分 __ 秒

第四次：__ 分 __ 秒

052

	4	3			
			4		3
					5
3					
4		6			
			6	1	

完成时间

第一次：__ 分 __ 秒

第二次：__ 分 __ 秒

第三次：__ 分 __ 秒

第四次：__ 分 __ 秒

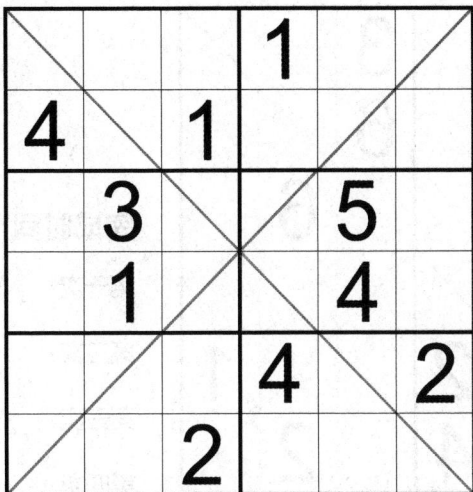

完成时间

第一次：__ 分 __ 秒

第二次：__ 分 __ 秒

第三次：__ 分 __ 秒

第四次：__ 分 __ 秒

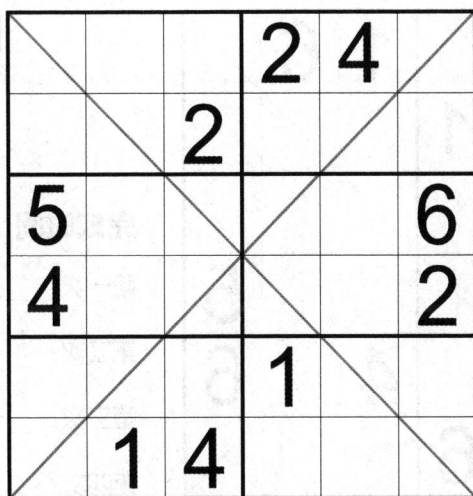

完成时间

第一次：__ 分 __ 秒

第二次：__ 分 __ 秒

第三次：__ 分 __ 秒

第四次：__ 分 __ 秒

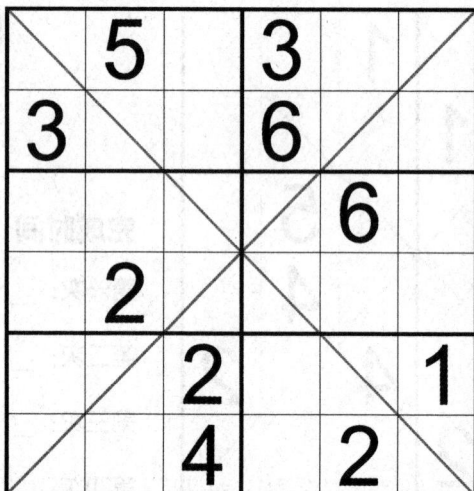

完成时间

第一次：__ 分 __ 秒

第二次：__ 分 __ 秒

第三次：__ 分 __ 秒

第四次：__ 分 __ 秒

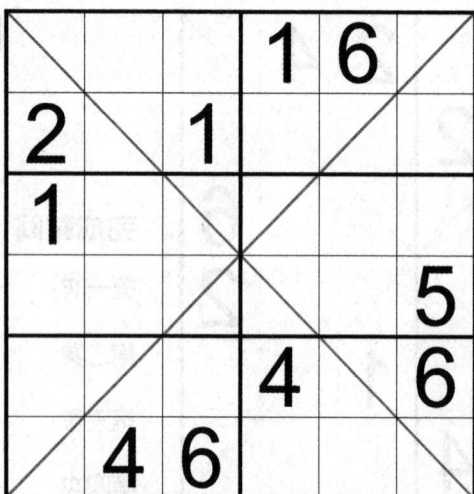

完成时间

第一次：__ 分 __ 秒

第二次：__ 分 __ 秒

第三次：__ 分 __ 秒

第四次：__ 分 __ 秒

057

			1		
			3		6
				3	
4	1				
		5			4
	2			6	

完成时间

第一次：__分__秒

第二次：__分__秒

第三次：__分__秒

第四次：__分__秒

058

				4	
		6			
	1				6
				2	3
3			5		
		4	3		

完成时间

第一次：__分__秒

第二次：__分__秒

第三次：__分__秒

第四次：__分__秒

059

		1			
			5		1
1				6	
	2			5	
		6	4		
	3				

完成时间

第一次：__ 分 __ 秒

第二次：__ 分 __ 秒

第三次：__ 分 __ 秒

第四次：__ 分 __ 秒

060

		5	6		
			1		
3					2
5	2			3	
			3		
		3			

完成时间

第一次：__ 分 __ 秒

第二次：__ 分 __ 秒

第三次：__ 分 __ 秒

第四次：__ 分 __ 秒

061

				6	
		6	5		
	3				2
	6				3
6					
		1	3		

完成时间

第一次：__ 分 __ 秒

第二次：__ 分 __ 秒

第三次：__ 分 __ 秒

第四次：__ 分 __ 秒

062

		2			
			5		2
1				5	
	4				6
		1			
	2		1		

完成时间

第一次：__ 分 __ 秒

第二次：__ 分 __ 秒

第三次：__ 分 __ 秒

第四次：__ 分 __ 秒

063

	1		6	3	
6					
				5	
5					4
3		4			
				4	

完成时间

第一次：__分__秒

第二次：__分__秒

第三次：__分__秒

第四次：__分__秒

064

		5	1		
					3
2					4
5				6	
			6		
	6	2			

完成时间

第一次：__分__秒

第二次：__分__秒

第三次：__分__秒

第四次：__分__秒

九宫
对角线数独

065

	7	3				9	
6		4				7		3
	9		7		6		2	
9		2		3		5		
			5		4			
		5		6		3		8
	8		4		5		3	
7		6				8		2
	4				8		5	

完成时间

第一次：__ 分 __ 秒

第二次：__ 分 __ 秒

第三次：__ 分 __ 秒

第四次：__ 分 __ 秒

066

	4		2		5		1	
5		9				8		2
	2				6		3	
8		2		4				1
			6		8			
4				2		3		6
	9		4				5	
6		4				1		3
	5		8		1		7	

完成时间

第一次：__ 分 __ 秒

第二次：__ 分 __ 秒

第三次：__ 分 __ 秒

第四次：__ 分 __ 秒

067

	1		4		5			
8		2			9			
	3		8		9	7		
1		8		4		6		5
		5		2				
7		3		6		2		4
	8		2		6	4		
	5					1		8
			1		8		6	

完成时间

第一次：__ 分 __ 秒

第二次：__ 分 __ 秒

第三次：__ 分 __ 秒

第四次：__ 分 __ 秒

068

	5	1				2	3	
9				5				7
4			7		3			9
		9		2		8		
	2		8		7		1	
		7		6		5		
8			5		9			3
6				3				1
	9	3				7	4	

完成时间

第一次：__ 分 __ 秒

第二次：__ 分 __ 秒

第三次：__ 分 __ 秒

第四次：__ 分 __ 秒

069

	2		1		7		6	
4		9				3		1
	6		9				4	
7		3		5				8
			7		8			
8				9		5		6
	3				9		5	
5		4				2		3
	8		5		2		1	

完成时间

第一次：__分__秒

第二次：__分__秒

第三次：__分__秒

第四次：__分__秒

070

	6	3				1	2	
2				3				5
8			2		5			4
	3	6				4	8	
			3		4			
	2	5				7	1	
3			6		2			7
6				4				9
	8	2				6	4	

完成时间

第一次：__分__秒

第二次：__分__秒

第三次：__分__秒

第四次：__分__秒

071

	5		2		3		4	
7		4				3		9
	3		9		4		7	
1				6				2
			5		2			
3				8				5
	6		7		8		1	
4		7				9		3
	2		4		5		8	

完成时间

第一次：__ 分 __ 秒

第二次：__ 分 __ 秒

第三次：__ 分 __ 秒

第四次：__ 分 __ 秒

072

	7		1		2		5	
1		4				2		3
	5				8		7	
		5		2		6		4
			8		1			
7		1		6		5		
	1		6				4	
8		3				9		5
	6		2		5		3	

完成时间

第一次：__ 分 __ 秒

第二次：__ 分 __ 秒

第三次：__ 分 __ 秒

第四次：__ 分 __ 秒

073

	4	7			6	5		
7			6		1			
	6		8				3	
6		5		1		3		8
			3		2			
3		4		8		1		6
	9				6		7	
		9			4			5
	1	7			8		6	

完成时间

第一次：__ 分 __ 秒

第二次：__ 分 __ 秒

第三次：__ 分 __ 秒

第四次：__ 分 __ 秒

074

			8		3			
4		2				8		5
	5		2		4		3	
3		5		9		1		4
	7						2	
1		4		7		9		8
	4		9		7		8	
2		3				6		7
			1		6			

完成时间

第一次：__ 分 __ 秒

第二次：__ 分 __ 秒

第三次：__ 分 __ 秒

第四次：__ 分 __ 秒

075

9	4	5					1	
8			9		4			
3			7					4
	9	7		6			1	
			4		9			
	3			7		9	8	
2					7			8
			3		8			9
		3				7	5	1

完成时间

第一次：__ 分 __ 秒

第二次：__ 分 __ 秒

第三次：__ 分 __ 秒

第四次：__ 分 __ 秒

076

9	2						4	
8			2			7		1
			9		7		6	
	3	2		9		1		
			8		2			
		1		3		6	2	
	7		3		9			
6		8			4			3
	1						5	2

完成时间

第一次：__ 分 __ 秒

第二次：__ 分 __ 秒

第三次：__ 分 __ 秒

第四次：__ 分 秒

077

	9		3				2	
8		5				3		
			4		8		7	
9		4		3		7		1
			1		6			
6		8		4		2		3
	2		5		9			
		9				1		7
	8				3		5	

完成时间

第一次：__分__秒

第二次：__分__秒

第三次：__分__秒

第四次：__分__秒

078

	8				4		7	
		6				8		5
	7		3		8			
6		2		3		9		7
			6		2			
1		7		5		3		2
			2		3		9	
8		4				2		
	6		9				1	

完成时间

第一次：__分__秒

第二次：__分__秒

第三次：__分__秒

第四次：__分__秒

079

	4		8		5			
		9				3		2
	7		3		4		5	
2				8		6		9
			1		9			
7		3		4				5
	3		4		1		6	
4		6				8		
			9		8		3	

完成时间

第一次：＿分＿秒

第二次：＿分＿秒

第三次：＿分＿秒

第四次：＿分＿秒

080

	7		5		2		3	
3		2				4		9
			8		4			
9		3		8		2		4
4		5		6		9		3
			1		8			
5		7				1		8
	1		3		9		4	

完成时间

第一次：＿分＿秒

第二次：＿分＿秒

第三次：＿分＿秒

第四次：＿分＿秒

081

	2	5		3				
9		6			3		4	
	5				4		1	
6		7		1		8		
			3		5			
		5		7		2		9
	4		2				6	
5		8				4		1
			4		1		9	

完成时间

第一次：__ 分 __ 秒

第二次：__ 分 __ 秒

第三次：__ 分 __ 秒

第四次：__ 分 __ 秒

082

	2		5		1			
9		8				2		3
	7		2					5
		5		1		8	2	
			8		5			
	8	1		9		3		
8					6		4	
3		6				5		7
			9		8		3	

完成时间

第一次：__ 分 __ 秒

第二次：__ 分 __ 秒

第三次：__ 分 __ 秒

第四次：__ 分 __ 秒

六宫
连续数独

083

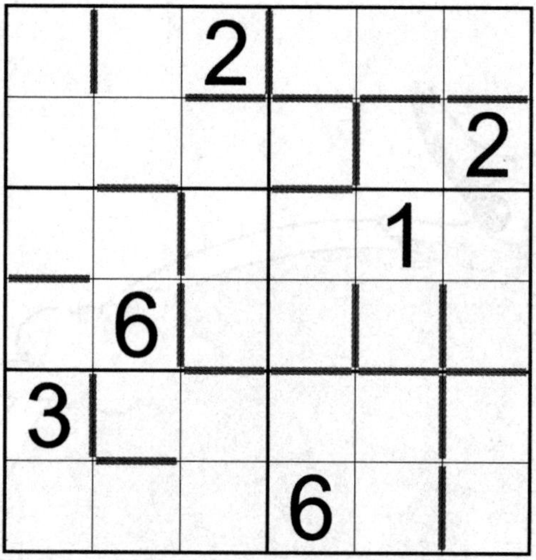

		2			
					2
				1	
	6				
3					
			6		

完成时间

第一次：__ 分 __ 秒

第二次：__ 分 __ 秒

第三次：__ 分 __ 秒

第四次：__ 分 __ 秒

084

	2				
					4
				3	
	3				
5					
				2	

完成时间

第一次：__ 分 __ 秒

第二次：__ 分 __ 秒

第三次：__ 分 __ 秒

第四次：__ 分 __ 秒

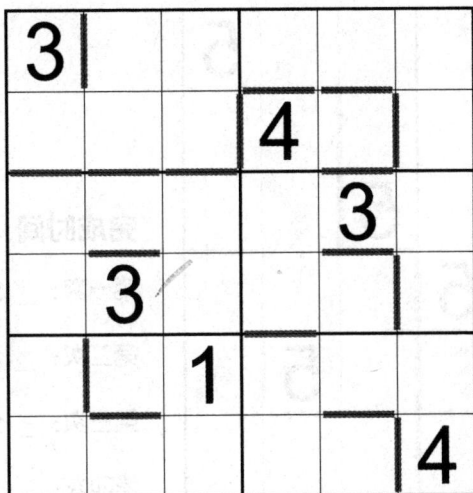

完成时间

第一次：__分__秒

第二次：__分__秒

第三次：__分__秒

第四次：__分__秒

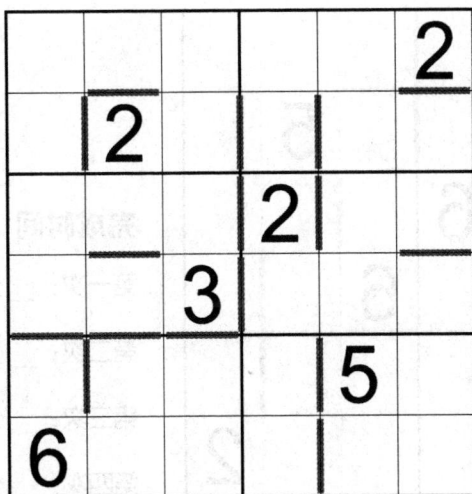

完成时间

第一次：__分__秒

第二次：__分__秒

第三次：__分__秒

第四次：__分__秒

087

					5
	3				
			5		
		5			
				5	
6					

完成时间

第一次：__ 分 __ 秒

第二次：__ 分 __ 秒

第三次：__ 分 __ 秒

第四次：__ 分 __ 秒

088

	1				
				5	
		6			
			6		
	6				
					2

完成时间

第一次：__ 分 __ 秒

第二次：__ 分 __ 秒

第三次：__ 分 __ 秒

第四次：__ 分 __ 秒

089

		2			
	6				
5					
					5
				1	
			6		

完成时间

第一次：__ 分 __ 秒

第二次：__ 分 __ 秒

第三次：__ 分 __ 秒

第四次：__ 分 __ 秒

090

			5		
	1				
					1
3					
				3	
		5			

完成时间

第一次：__ 分 __ 秒

第二次：__ 分 __ 秒

第三次：__ 分 __ 秒

第四次：__ 分 __ 秒

091

4					
			4		
				6	
	1				
		5			
					3

完成时间

第一次：__分__秒

第二次：__分__秒

第三次：__分__秒

第四次：__分__秒

092

				2	
6		2			
			2		4
	2				

完成时间

第一次：__分__秒

第二次：__分__秒

第三次：__分__秒

第四次：__分__秒

093

完成时间

第一次：__ 分 __ 秒

第二次：__ 分 __ 秒

第三次：__ 分 __ 秒

第四次：__ 分 __ 秒

094

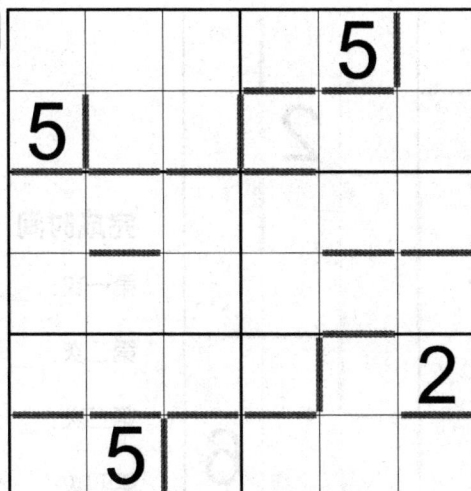

完成时间

第一次：__ 分 __ 秒

第二次：__ 分 __ 秒

第三次：__ 分 __ 秒

第四次：__ 分 __ 秒

095

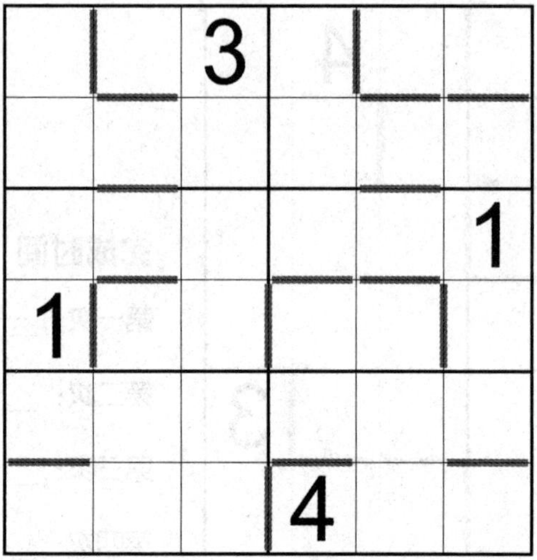

完成时间

第一次：__ 分 __ 秒

第二次：__ 分 __ 秒

第三次：__ 分 __ 秒

第四次：__ 分 __ 秒

096

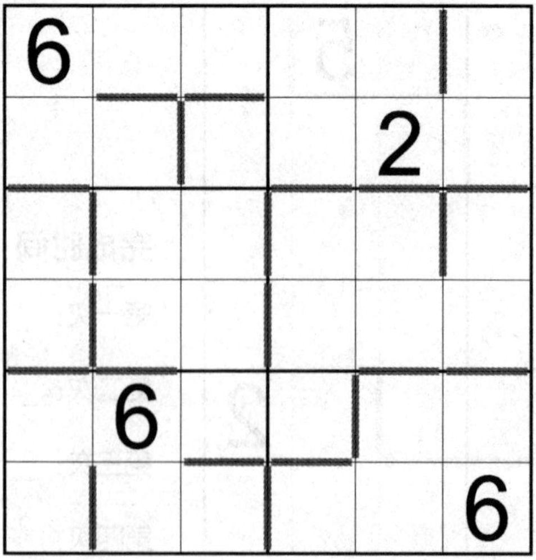

完成时间

第一次：__ 分 __ 秒

第二次：__ 分 __ 秒

第三次：__ 分 __ 秒

第四次：__ 分 __ 秒

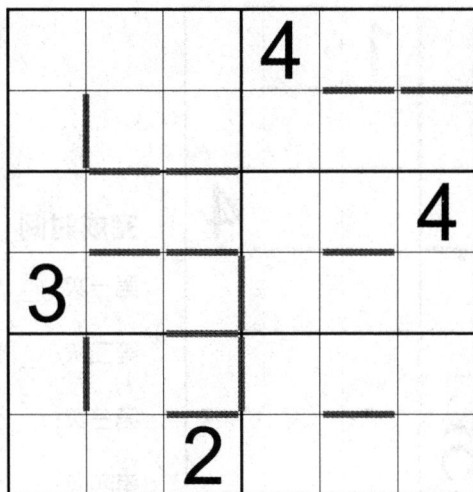

097

完成时间

第一次：__分__秒

第二次：__分__秒

第三次：__分__秒

第四次：__分__秒

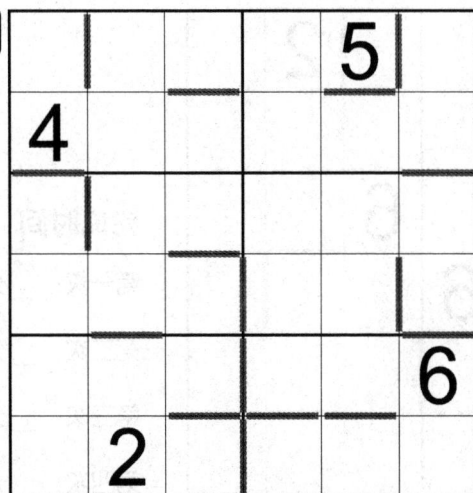

098

完成时间

第一次：__分__秒

第二次：__分__秒

第三次：__分__秒

第四次：__分__秒

099

			1		
					4
1					
		6			

完成时间

第一次：__分__秒

第二次：__分__秒

第三次：__分__秒

第四次：__分__秒

100

				2	
			6		
		6			
	3				

完成时间

第一次：__分__秒

第二次：__分__秒

第三次：__分__秒

第四次：__分__秒

九宫
连续数独

101

4		2					3	
				6	3			
		1					2	
2					5			
8								9
			8					2
	9					7		
			5	1				
	2					6		3

完成时间

第一次：__ 分 __ 秒

第二次：__ 分 __ 秒

第三次：__ 分 __ 秒

第四次：__ 分 __ 秒

102

				8			2	
5		7						
				7			5	
			8		2			
2		4				8		3
			6		3			
	2			6				
						9		6
	7			3				

完成时间

第一次：__ 分 __ 秒

第二次：__ 分 __ 秒

第三次：__ 分 __ 秒

第四次：__ 分 __ 秒

103

		2	9	3				
9								1
	2						8	
		9			7			
			3		6			
		8				1		
	8						3	
3								5
			6	3	2			

完成时间

第一次：__ 分 __ 秒

第二次：__ 分 __ 秒

第三次：__ 分 __ 秒

第四次：__ 分 __ 秒

104

	1		5		4			
						8		9
	6				9			
9		1						3
3						1		2
			4				8	
1		3						
			3		5		2	

完成时间

第一次：__ 分 __ 秒

第二次：__ 分 __ 秒

第三次：__ 分 __ 秒

第四次：__ 分 __ 秒

105

			8	7	4			
8								7
	7						4	
		3				4		
			2		3			
		8				6		
	8						9	
1								6
			6	9	1			

完成时间

第一次：__分__秒

第二次：__分__秒

第三次：__分__秒

第四次：__分__秒

106

		5				6		
8		2						
				8			7	4
			4		6			
		8				4		
			3		8			
2	9			7				
						7		2
		8				1		

完成时间

第一次：__分__秒

第二次：__分__秒

第三次：__分__秒

第四次：__分__秒

107

6				3		1		
5			8					
9						7		
	5						2	
			3		8			
	2						6	
		6						5
					6			1
		3		5				8

完成时间

第一次：__ 分 __ 秒

第二次：__ 分 __ 秒

第三次：__ 分 __ 秒

第四次：__ 分 __ 秒

108

	5					9		3
				7	5			
	8				5			
			8					5
5								8
8					4			
		5					2	
			6	4				
3		6					4	

完成时间

第一次：__ 分 __ 秒

第二次：__ 分 __ 秒

第三次：__ 分 __ 秒

第四次：__ 分 __ 秒

109

					8	4		
3			9		7			
5								
	2			5			6	
			2		6			
	6			9			2	
								7
			8		3			2
	5	7						

完成时间

第一次：＿ 分 ＿ 秒

第二次：＿ 分 ＿ 秒

第三次：＿ 分 ＿ 秒

第四次：＿ 分 ＿ 秒

110

						7	8	
			4	3				
7		5					1	
			2		1			
1								7
			7		9			
	1					3		8
				7	2			
	6	7						

完成时间

第一次：＿ 分 ＿ 秒

第二次：＿ 分 ＿ 秒

第三次：＿ 分 ＿ 秒

第四次：＿ 分 ＿ 秒

111

6		2						
			8				5	
3				4				
	3		2		7			
		4				9		
			4		8		7	
				8				6
	1				5			
							7	5

完成时间

第一次：__ 分 __ 秒

第二次：__ 分 __ 秒

第三次：__ 分 __ 秒

第四次：__ 分 __ 秒

112

	3					4		
						1		3
1	5			4				
			5		2			
		7				9		
			7		3			
				5			2	1
6			1					
		5					4	

完成时间

第一次：__ 分 __ 秒

第二次：__ 分 __ 秒

第三次：__ 分 __ 秒

第四次：__ 分 __ 秒

113

	4		5					
3						6		
			4	2			3	
5		3						
		4				1		
						3		7
	5			8	1			
		8						5
				5		1		

完成时间

第一次：__ 分 __ 秒

第二次：__ 分 __ 秒

第三次：__ 分 __ 秒

第四次：__ 分 __ 秒

114

				3			2	
2		7						
				1			6	
			3		1			
6		2				5		9
			9		2			
	6			2				
						8		2
	2			8				

完成时间

第一次：__ 分 __ 秒

第二次：__ 分 __ 秒

第三次：__ 分 __ 秒

第四次：__ 分 __ 秒

115

	6			8				7
	3							5
	1							9
			4		5			
		4			2			
		1		5				
1							5	
5							3	
3			9				1	

完成时间

第一次：__ 分 __ 秒

第二次：__ 分 __ 秒

第三次：__ 分 __ 秒

第四次：__ 分 __ 秒

116

	1		9					
					3		8	
	3		6		4			
		8			9		4	
3		9			8			
			8		6		3	
6		3						
					7		8	

完成时间

第一次：__ 分 __ 秒

第二次：__ 分 __ 秒

第三次：__ 分 __ 秒

第四次：__ 分 __ 秒

117

7	6						4	
			7	3				
							3	
1		6				3		
			8		1			
		5				1		4
	5							
				9	7			
	1						2	7

完成时间

第一次：__ 分 __ 秒

第二次：__ 分 __ 秒

第三次：__ 分 __ 秒

第四次：__ 分 __ 秒

118

			3			4		
4		3						
			8			9		
			8		7			
2		8				3		7
			9		3			
	1			5				
						1		5
	7			6				

完成时间

第一次：__ 分 __ 秒

第二次：__ 分 __ 秒

第三次：__ 分 __ 秒

第四次：__ 分 __ 秒

六宫
杀手数独

119

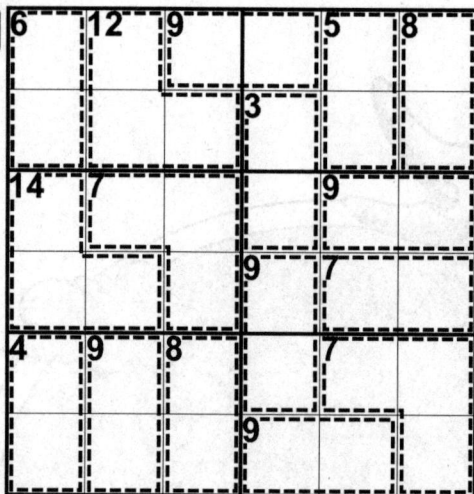

120

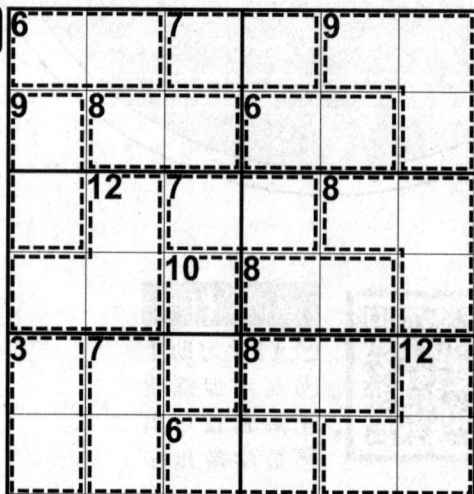

94

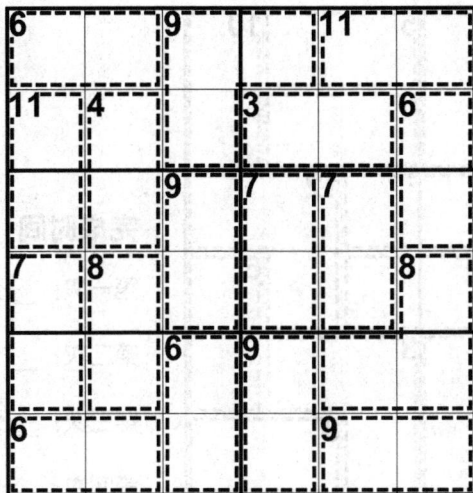

121

完成时间

第一次：__分__秒

第二次：__分__秒

第三次：__分__秒

第四次：__分__秒

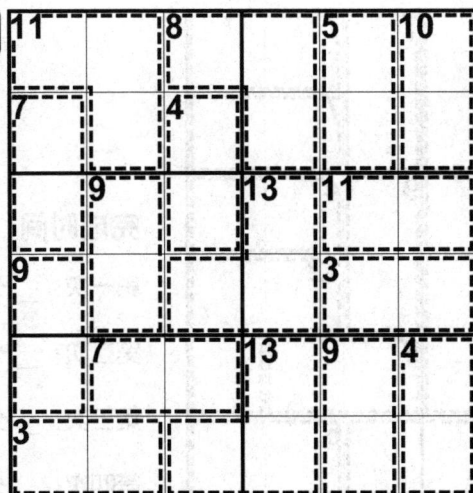

122

完成时间

第一次：__分__秒

第二次：__分__秒

第三次：__分__秒

第四次：__分__秒

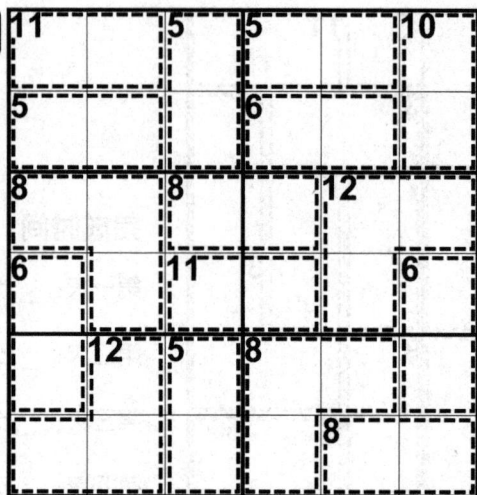

123

完成时间

第一次：__分__秒

第二次：__分__秒

第三次：__分__秒

第四次：__分__秒

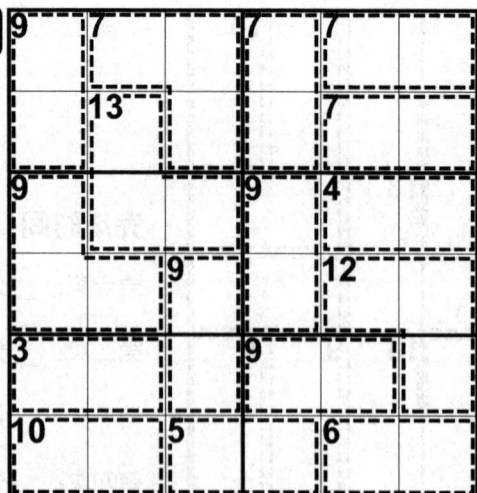

124

完成时间

第一次：__分__秒

第二次：__分__秒

第三次：__分__秒

第四次：__分__秒

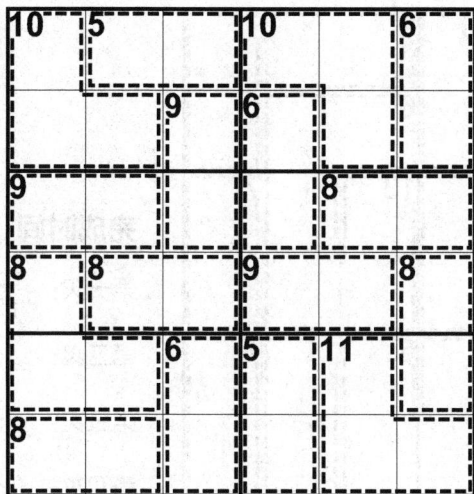

125

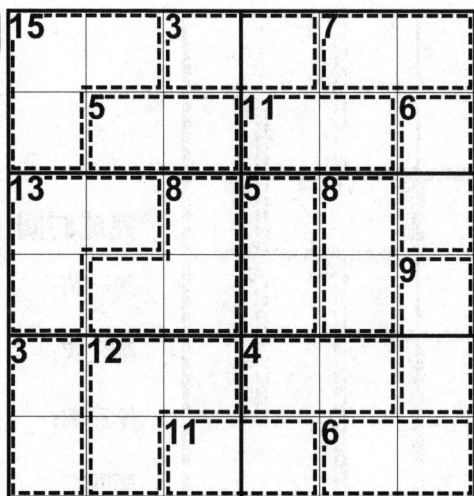

完成时间

第一次：__分__秒

第二次：__分__秒

第三次：__分__秒

第四次：__分__秒

126

完成时间

第一次：__分__秒

第二次：__分__秒

第三次：__分__秒

第四次：__分__秒

127

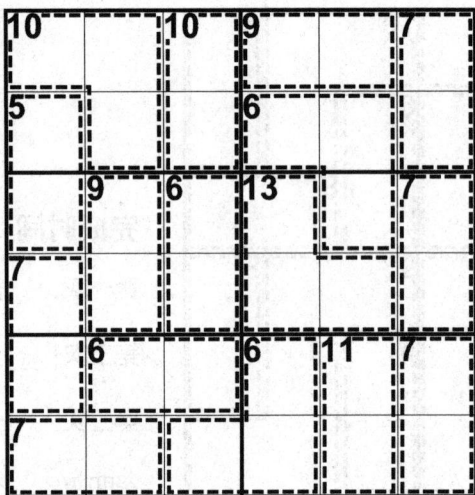

完成时间

第一次：__ 分 __ 秒

第二次：__ 分 __ 秒

第三次：__ 分 __ 秒

第四次：__ 分 __ 秒

128

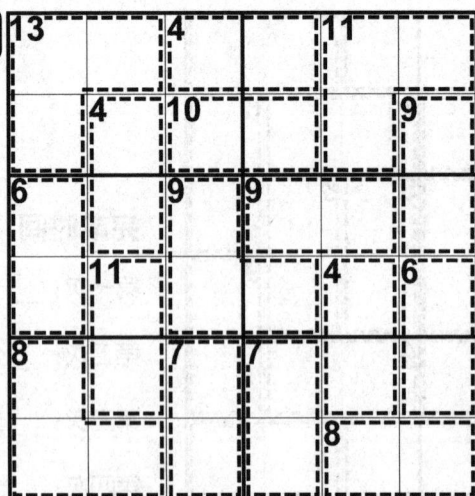

完成时间

第一次：__ 分 __ 秒

第二次：__ 分 __ 秒

第三次：__ 分 __ 秒

第四次：__ 分 __ 秒

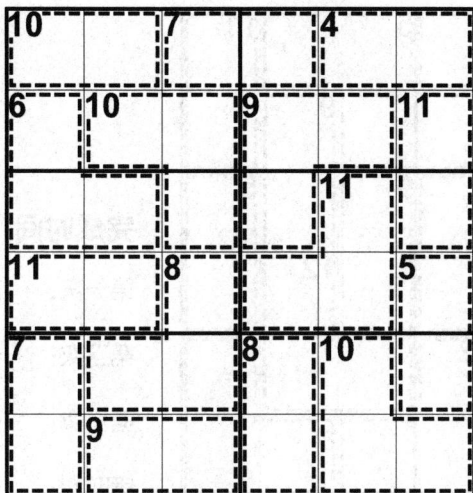

129

完成时间

第一次：__ 分 __ 秒

第二次：__ 分 __ 秒

第三次：__ 分 __ 秒

第四次：__ 分 __ 秒

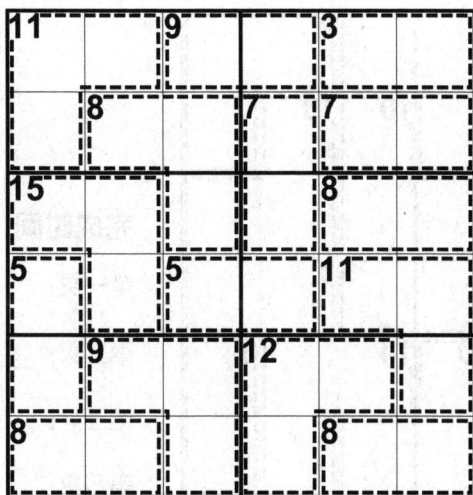

130

完成时间

第一次：__ 分 __ 秒

第二次：__ 分 __ 秒

第三次：__ 分 __ 秒

第四次：__ 分 __ 秒

131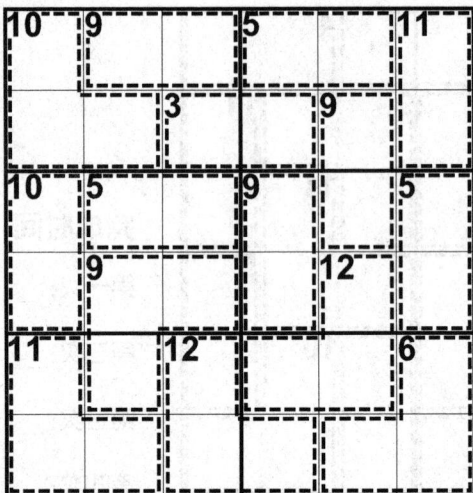

完成时间

第一次：__ 分 __ 秒

第二次：__ 分 __ 秒

第三次：__ 分 __ 秒

第四次：__ 分 __ 秒

132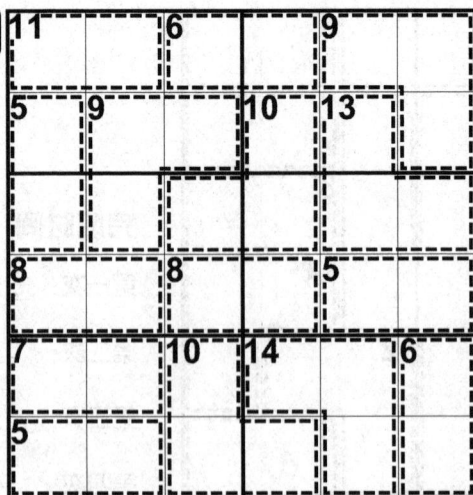

完成时间

第一次：__ 分 __ 秒

第二次：__ 分 __ 秒

第三次：__ 分 __ 秒

第四次：__ 分 __ 秒

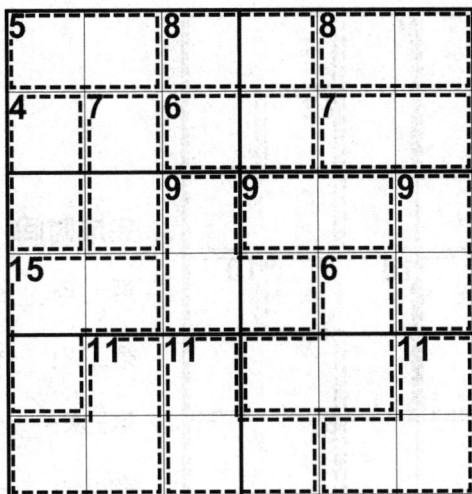

133

完成时间

第一次：__ 分 __ 秒

第二次：__ 分 __ 秒

第三次：__ 分 __ 秒

第四次：__ 分 __ 秒

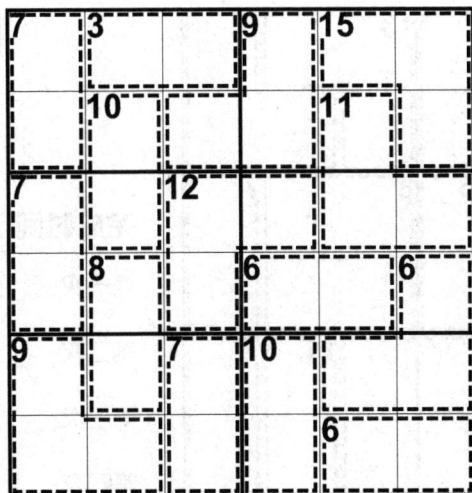

134

完成时间

第一次：__ 分 __ 秒

第二次：__ 分 __ 秒

第三次：__ 分 __ 秒

第四次：__ 分 __ 秒

135

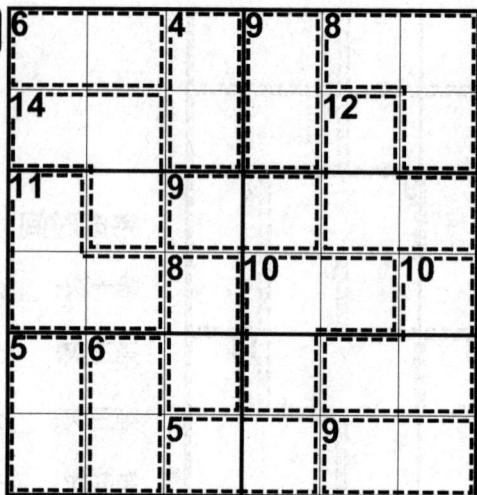

完成时间

第一次: ＿ 分 ＿ 秒

第二次: ＿ 分 ＿ 秒

第三次: ＿ 分 ＿ 秒

第四次: ＿ 分 ＿ 秒

136

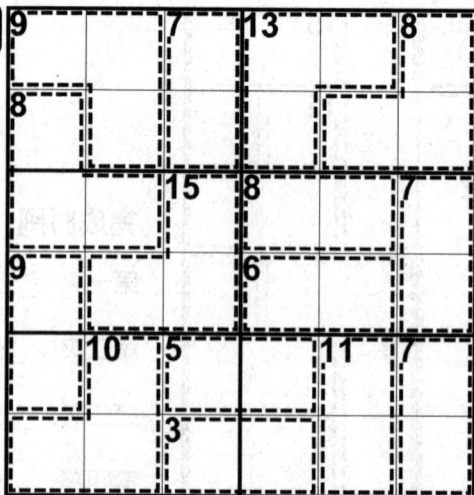

完成时间

第一次: ＿ 分 ＿ 秒

第二次: ＿ 分 ＿ 秒

第三次: ＿ 分 ＿ 秒

第四次: ＿ 分 ＿ 秒

九宫
杀手数独

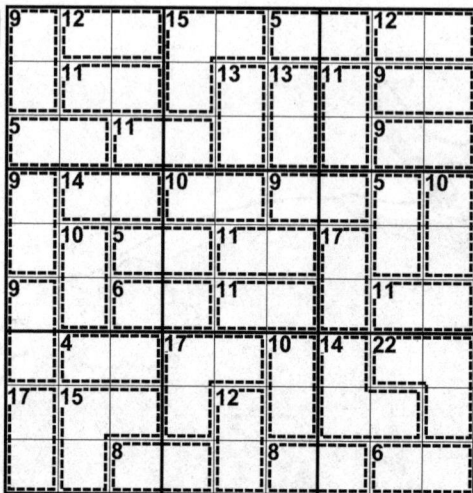

137

完成时间

第一次：__ 分 __ 秒

第二次：__ 分 __ 秒

第三次：__ 分 __ 秒

第四次：__ 分 __ 秒

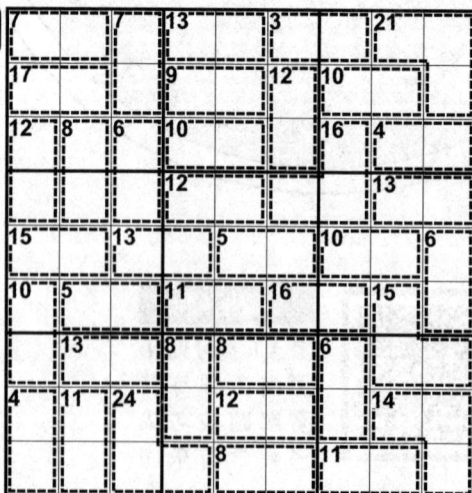

138

完成时间

第一次：__ 分 __ 秒

第二次：__ 分 __ 秒

第三次：__ 分 __ 秒

第四次：__ 分 __ 秒

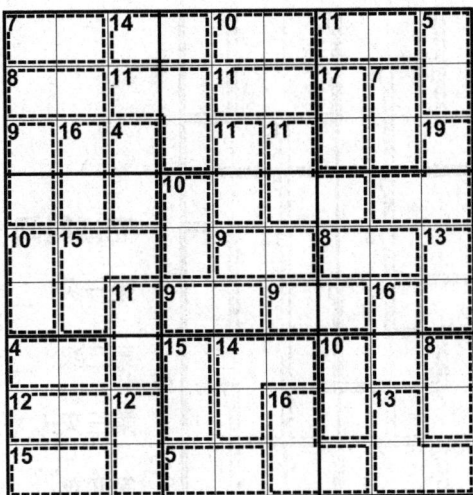

139

完成时间

第一次：__ 分 __ 秒

第二次：__ 分 __ 秒

第三次：__ 分 __ 秒

第四次：__ 分 __ 秒

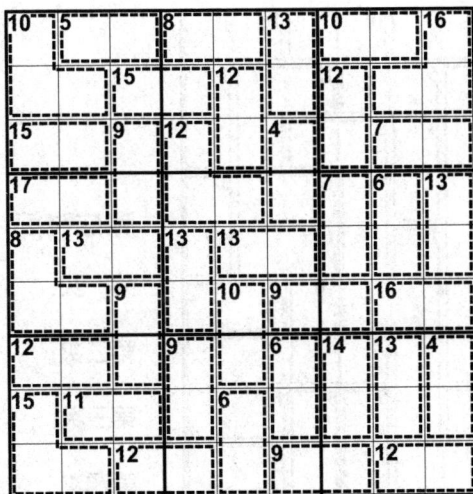

140

完成时间

第一次：__ 分 __ 秒

第二次：__ 分 __ 秒

第三次：__ 分 __ 秒

第四次：__ 分 __ 秒

141

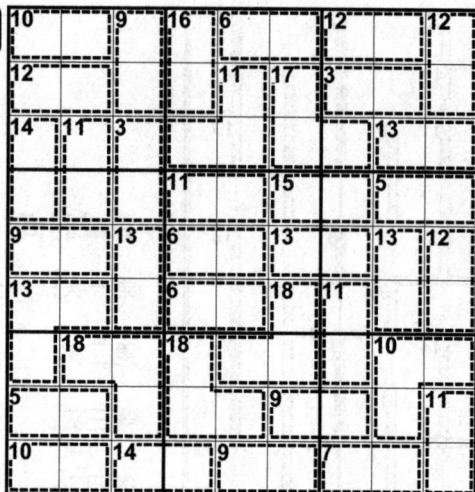

完成时间

第一次：__ 分 __ 秒

第二次：__ 分 __ 秒

第三次：__ 分 __ 秒

第四次：__ 分 __ 秒

142

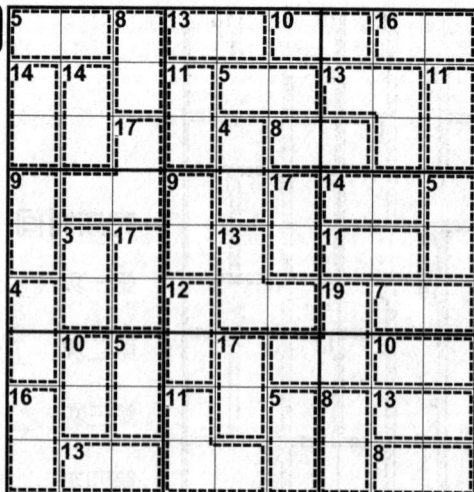

完成时间

第一次：__ 分 __ 秒

第二次：__ 分 __ 秒

第三次：__ 分 __ 秒

第四次：__ 分 __ 秒

143

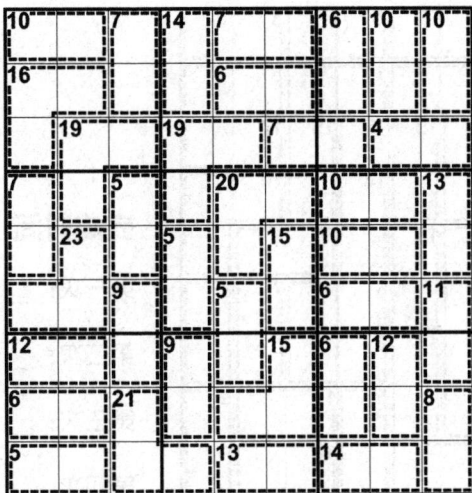

完成时间

第一次：＿分＿秒

第二次：＿分＿秒

第三次：＿分＿秒

第四次：＿分＿秒

144

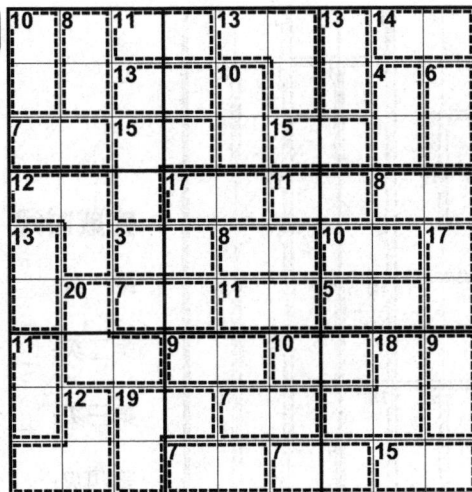

完成时间

第一次：＿分＿秒

第二次：＿分＿秒

第三次：＿分＿秒

第四次：＿分＿秒

145

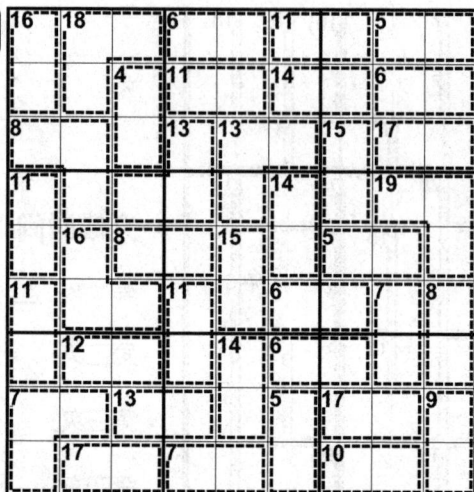

完成时间

第一次：__ 分 __ 秒

第二次：__ 分 __ 秒

第三次：__ 分 __ 秒

第四次：__ 分 __ 秒

146

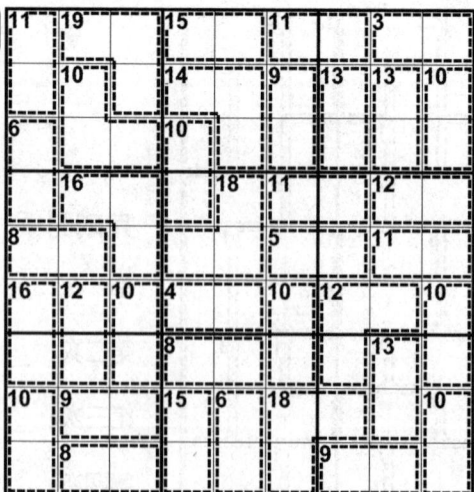

完成时间

第一次：__ 分 __ 秒

第二次：__ 分 __ 秒

第三次：__ 分 __ 秒

第四次：__ 分 __ 秒

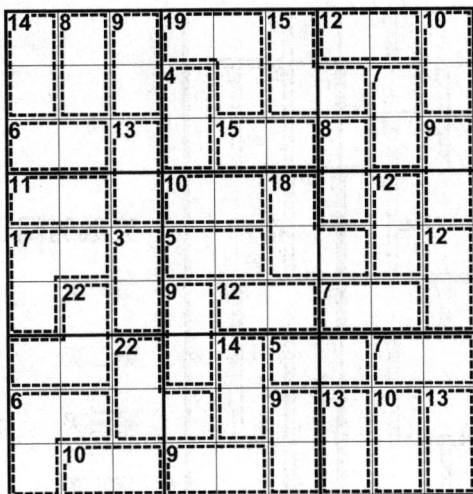

147

14
8
9
19
15
12
10
4
7
6
13
15
8
9
11
10
18
12
17
3
5
12
22
9
12
7
22
14
5
7
6
9
13
10
13
10
9

完成时间

第一次：__分__秒

第二次：__分__秒

第三次：__分__秒

第四次：__分__秒

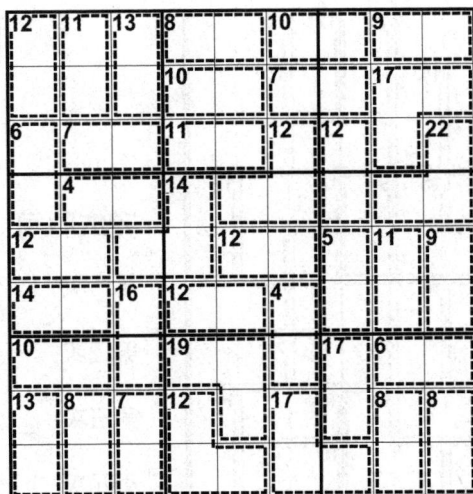

148

12
11
13
8
10
9
10
7
17
6
7
11
12
12
22
4
14
12
12
5
11
9
14
16
12
4
10
19
17
6
13
8
7
12
17
8
8

完成时间

第一次：__分__秒

第二次：__分__秒

第三次：__分__秒

第四次：__分__秒

149

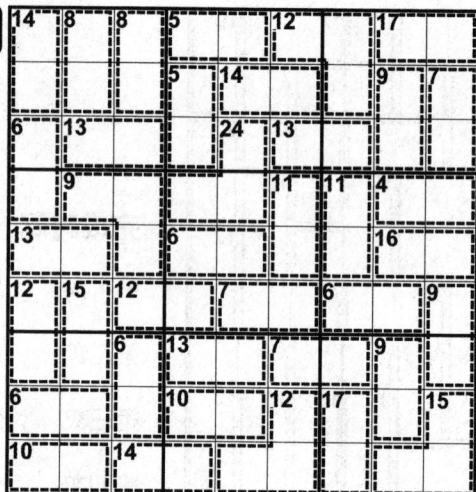

14 8 8 5 12 17
5 14 9 7
6 13 24 13
9 11 11 4
13 6 16
12 15 12 7 6 9
6 13 7 9
6 10 12 17 15
10 14

完成时间

第一次：__分__秒

第二次：__分__秒

第三次：__分__秒

第四次：__分__秒

150

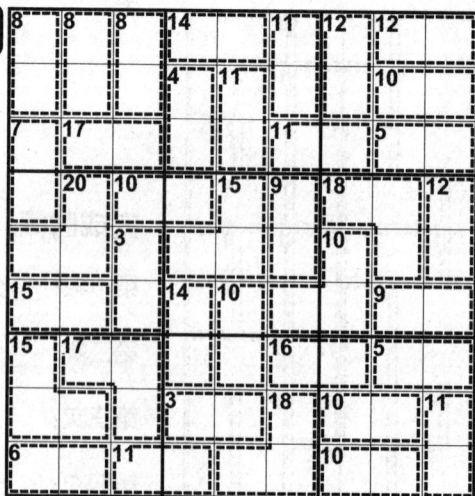

8 8 8 14 11 12 12
4 11 10
7 17 11 5
20 10 15 9 18 12
3 10
15 14 10 9
15 17 16 5
3 18 10 11
6 11 10

完成时间

第一次：__分__秒

第二次：__分__秒

第三次：__分__秒

第四次：__分__秒

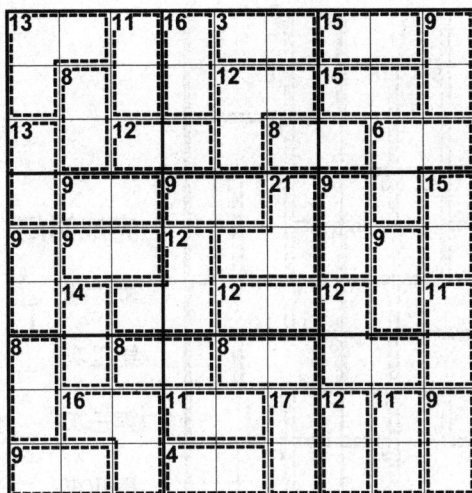

151

完成时间

第一次: __ 分 __ 秒

第二次: __ 分 __ 秒

第三次: __ 分 __ 秒

第四次: __ 分 __ 秒

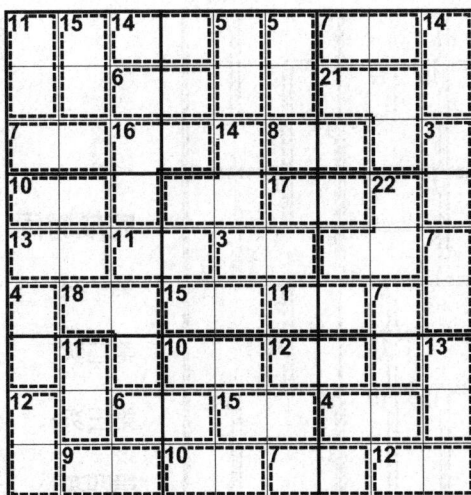

152

完成时间

第一次: __ 分 __ 秒

第二次: __ 分 __ 秒

第三次: __ 分 __ 秒

第四次: __ 分 __ 秒

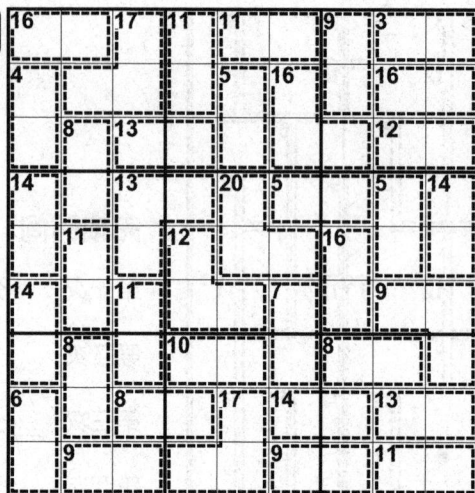

153

完成时间

第一次：__分__秒

第二次：__分__秒

第三次：__分__秒

第四次：__分__秒

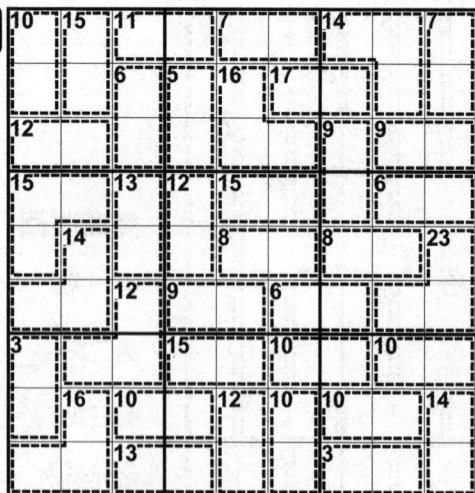

154

完成时间

第一次：__分__秒

第二次：__分__秒

第三次：__分__秒

第四次：__分__秒

六宫
奇偶数独

155

4		■		■	
	3	■	6		■
■		6			
			2		■
■		3		2	
	■			■	5

完成时间

第一次：＿分＿秒

第二次：＿分＿秒

第三次：＿分＿秒

第四次：＿分＿秒

156

5				■	
		1	■	■	■
	4			■	6
2	■			3	
■		■	1		
	■				5

完成时间

第一次：＿分＿秒

第二次：＿分＿秒

第三次：＿分＿秒

第四次：＿分＿秒

157

		3	■		
5		■		4	
	■		1		■
■		6		■	
	2		■		1
		■	6		

完成时间

第一次：__ 分 __ 秒

第二次：__ 分 __ 秒

第三次：__ 分 __ 秒

第四次：__ 分 __ 秒

158

	■		■		3
1			4	■	
	1				■
■				6	
	■	5			2
2		■		■	

完成时间

第一次：__ 分 __ 秒

第二次：__ 分 __ 秒

第三次：__ 分 __ 秒

第四次：__ 分 __ 秒

159

			4		
	5				3
5					
					1
2				6	
		3			

完成时间

第一次：_分_秒

第二次：_分_秒

第三次：_分_秒

第四次：_分_秒

160

	1		4		
6				1	
	2				4
		5		2	

完成时间

第一次：_分_秒

第二次：_分_秒

第三次：_分_秒

第四次：_分_秒

161

	2				3
3			4		
		1			5
2				6	

完成时间

第一次：__ 分 __ 秒

第二次：__ 分 __ 秒

第三次：__ 分 __ 秒

第四次：__ 分 __ 秒

162

			4		5
		1			
	6				
				2	
			2		
6		3			

完成时间

第一次：__ 分 __ 秒

第二次：__ 分 __ 秒

第三次：__ 分 __ 秒

第四次：__ 分 __ 秒

163

			5		6
2					
		1			
			2		
					3
1		4			

完成时间

第一次：__分__秒

第二次：__分__秒

第三次：__分__秒

第四次：__分__秒

164

2				3	
			6		
		1			
			1		
		4			
	2				5

完成时间

第一次：__分__秒

第二次：__分__秒

第三次：__分__秒

第四次：__分__秒

165

Puzzle grid 165:
- 6, 4
- 3, 1
- 4, 2
- 1, 2

完成时间

第一次: __ 分 __ 秒

第二次: __ 分 __ 秒

第三次: __ 分 __ 秒

第四次: __ 分 __ 秒

166

Puzzle grid 166:
- 2, 1
- 4
- 6
- 1
- 2
- 1, 3

完成时间

第一次: __ 分 __ 秒

第二次: __ 分 __ 秒

第三次: __ 分 __ 秒

第四次: __ 分 __ 秒

167

	2				
					2
		1		5	
	6		3		
1					
				4	

完成时间

第一次：__分__秒

第二次：__分__秒

第三次：__分__秒

第四次：__分__秒

168

			4		
6					1
				5	
	5				
5					2
		2			

完成时间

第一次：__分__秒

第二次：__分__秒

第三次：__分__秒

第四次：__分__秒

169

5		4			
	6				1
4				2	
			1		2

完成时间

第一次: __ 分 __ 秒

第二次: __ 分 __ 秒

第三次: __ 分 __ 秒

第四次: __ 分 __ 秒

170

1				4	
			3		
		6			
			1		
		5			
	2				4

完成时间

第一次: __ 分 __ 秒

第二次: __ 分 __ 秒

第三次: __ 分 __ 秒

第四次: __ 分 __ 秒

171

		■		4	
6			■		■
	1		3	■	
	■	3		2	
■		■			5
	6		■		

完成时间

第一次：__分__秒

第二次：__分__秒

第三次：__分__秒

第四次：__分__秒

172

■			4		
	5		■	■	2
6		■			
			■		1
3	■	■		2	
		4			■

完成时间

第一次：__分__秒

第二次：__分__秒

第三次：__分__秒

第四次：__分__秒

九宫
奇偶数独

173

9		■	7	■		2		■
	■		6		■	5		4
■		4	■		3	■	9	
	1		2				■	
7		■		9		■		2
	■			■	1		3	
	8	■	3			9	■	
2		1			8			
■		9	■		2	■		8

完成时间

第一次：__ 分 __ 秒

第二次：__ 分 __ 秒

第三次：__ 分 __ 秒

第四次：__ 分 __ 秒

174

8	■		7		■			6
■		4	■		6		■	
	2		1		■	9		■
■		6	3				7	
4	■			5			■	3
	8		■		2	5		■
■		1		■	3		8	
	■		2			6		■
2		■			9	■		1

完成时间

第一次：__ 分 __ 秒

第二次：__ 分 __ 秒

第三次：__ 分 __ 秒

第四次：__ 分 __ 秒

175

1				4	6	9		3
		6						
8			2				6	
	6			8				
2		7				8		5
				5			3	
	3				8			7
						1		
6		4	9	7				8

完成时间

第一次：__ 分 __ 秒

第二次：__ 分 __ 秒

第三次：__ 分 __ 秒

第四次：__ 分 __ 秒

176

	7				8		9	
9			3					
6				5		7		
		1				6		9
			2		1			
7		8				1		
		6		1				3
					2			4
	2		6				1	

完成时间

第一次：__ 分 __ 秒

第二次：__ 分 __ 秒

第三次：__ 分 __ 秒

第四次：__ 分 __ 秒

177

			2			7		6
	1				3			
2		5		7			8	
			1					
9		2				8		4
					4			
	2			9		3		5
			7				6	
5		1			6			

完成时间

第一次：__ 分 __ 秒

第二次：__ 分 __ 秒

第三次：__ 分 __ 秒

第四次：__ 分 __ 秒

178

	8		2				7	
4					3	8		2
				4			3	
	3				4	7		
				8				
		2	1				8	
	6			9				
8		3	4					7
	1				5		6	

完成时间

第一次：__ 分 __ 秒

第二次：__ 分 __ 秒

第三次：__ 分 __ 秒

第四次：__ 分 __ 秒

179

6			4			1		5
		9			5			4
	4			7		2		
	9		2					8
8					1		2	
		6		2			4	
1			6			5		
2		3			4			7

完成时间

第一次：__分__秒

第二次：__分__秒

第三次：__分__秒

第四次：__分__秒

180

	2					1		
		7		9				2
	6		1		2			
4				6		2		5
	5						6	
6		8		1				3
			3		9		2	
7				2		8		
		2					5	

完成时间

第一次：__分__秒

第二次：__分__秒

第三次：__分__秒

第四次：__分__秒

181

		2						
	1		7	5				2
6				4		8	3	
	2				7			
		5				1		
		4	9				2	
	8			2				7
5				7	6		1	
						6		

完成时间

第一次：__分__秒

第二次：__分__秒

第三次：__分__秒

第四次：__分__秒

182

	2		1			7		
1		3		4	7			8
							4	
			4				5	
		8		2		4		
	1				8			
	8							
3			5	8		2		1
		5			6		8	

完成时间

第一次：__分__秒

第二次：__分__秒

第三次：__分__秒

第四次：__分__秒

183

		3	■		5			6
	1	■		4		■		
6	■		3		■		■	
■		7	■		4		■	2
	5		■	1			3	
3		■	8	■		6		■
	■		■		9		■	8
		■		7	■		2	
5			1	■		4		

完成时间

第一次: __ 分 __ 秒

第二次: __ 分 __ 秒

第三次: __ 分 __ 秒

第四次: __ 分 __ 秒

184

5			■	1				
	9	■	3	■		2	■	
	■	7	■			■	4	
■	2	■	1		■			
4	■		6		9		■	2
		■			2		8	■
	5	■				4		
	■	6		■	3		2	
			■	7		■		9

完成时间

第一次: __ 分 __ 秒

第二次: __ 分 __ 秒

第三次: __ 分 __ 秒

第四次: __ 分 __ 秒

185

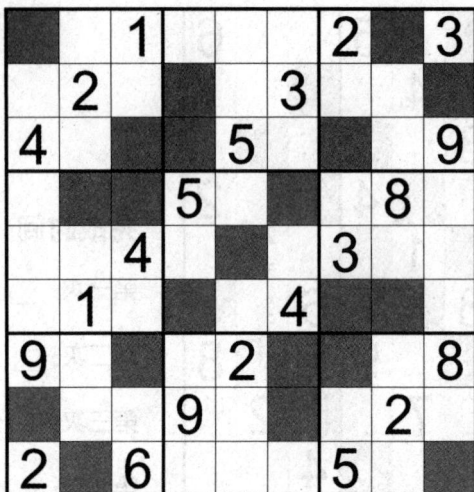

		1				2		3
	2				3			
4				5				9
			5				8	
		4				3		
	1				4			
9				2				8
			9				2	
2		6				5		

完成时间

第一次：__分__秒

第二次：__分__秒

第三次：__分__秒

第四次：__分__秒

186

7						1		
			9		5			6
		8						
	1				3			
3		7		8		6		2
			1				4	
						7		
9			6		4			
		2						3

完成时间

第一次：__分__秒

第二次：__分__秒

第三次：__分__秒

第四次：__分__秒

187

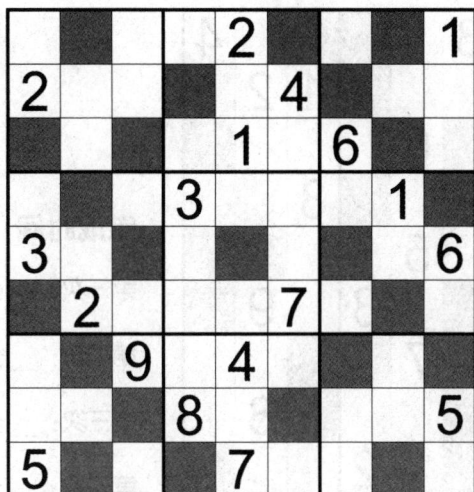

				2				1
2					4			
				1		6		
			3				1	
3								6
	2				7			
		9		4				
			8					5
5				7				

完成时间

第一次：__分__秒

第二次：__分__秒

第三次：__分__秒

第四次：__分__秒

188

			3				8	
	3							2
		6			4			
2			1				3	
	5				2			1
			5			4		
9							7	
	1				7			

完成时间

第一次：__分__秒

第二次：__分__秒

第三次：__分__秒

第四次：__分__秒

189

			3					4
	5					1	2	
				6				
	4		2			8		
				5				
		1			3		9	
				7				
	7	6					8	
1					2			

完成时间

第一次：__分__秒

第二次：__分__秒

第三次：__分__秒

第四次：__分__秒

190

	1							7
			2			6		
			5			8		
2					7			6
	4			1			3	
6			4					5
		4			8			
		9			4			
3							6	

完成时间

第一次：__分__秒

第二次：__分__秒

第三次：__分__秒

第四次：__分__秒

六宫
不等号数独

191

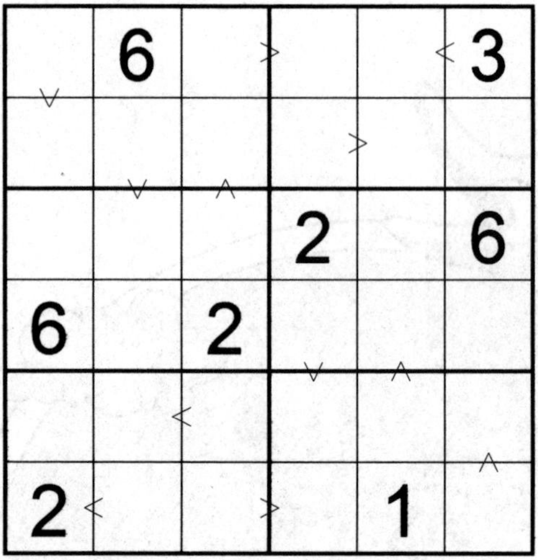

第一次：__ 分 __ 秒

第二次：__ 分 __ 秒

第三次：__ 分 __ 秒

第四次：__ 分 __ 秒

192

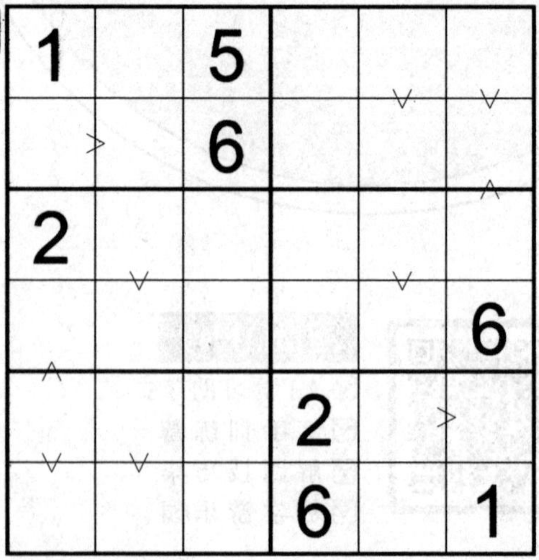

完成时间

第一次：__ 分 __ 秒

第二次：__ 分 __ 秒

第三次：__ 分 __ 秒

第四次：__ 分 __ 秒

193

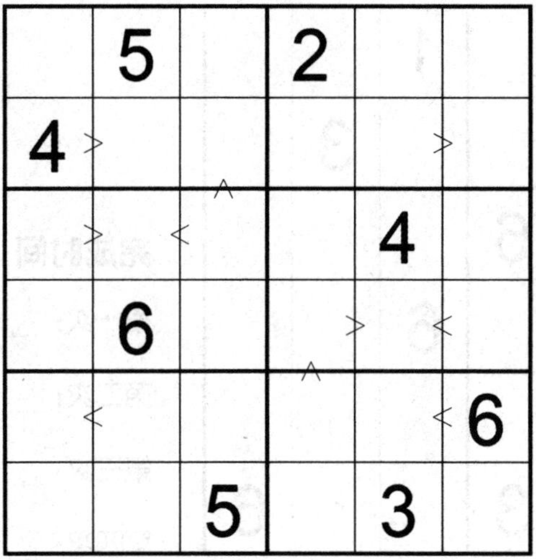

完成时间

第一次：__ 分 __ 秒

第二次：__ 分 __ 秒

第三次：__ 分 __ 秒

第四次：__ 分 __ 秒

194

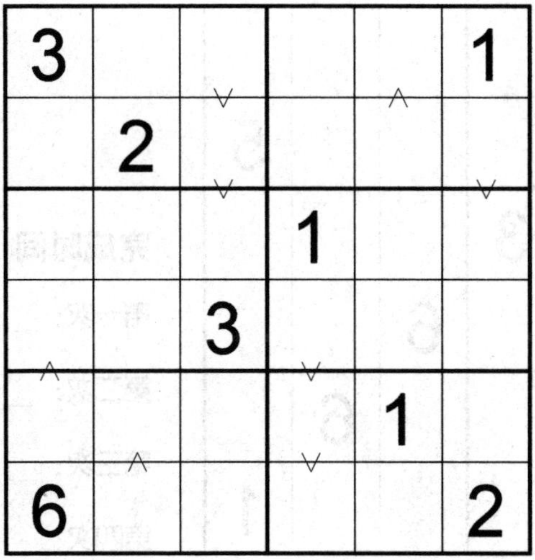

完成时间

第一次：__ 分 __ 秒

第二次：__ 分 __ 秒

第三次：__ 分 __ 秒

第四次：__ 分 __ 秒

195

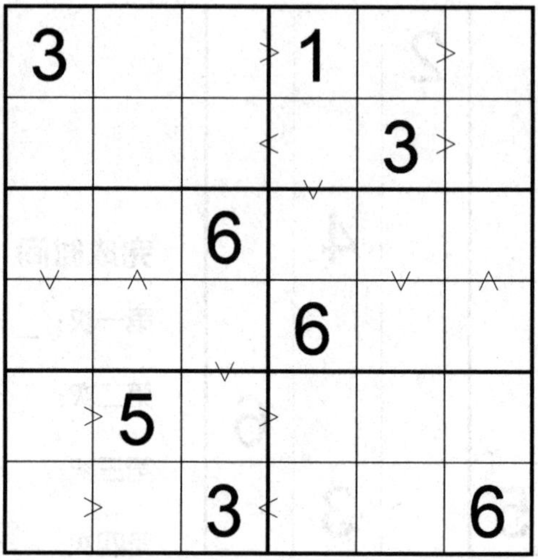

完成时间

第一次：__ 分 __ 秒

第二次：__ 分 __ 秒

第三次：__ 分 __ 秒

第四次：__ 分 __ 秒

196

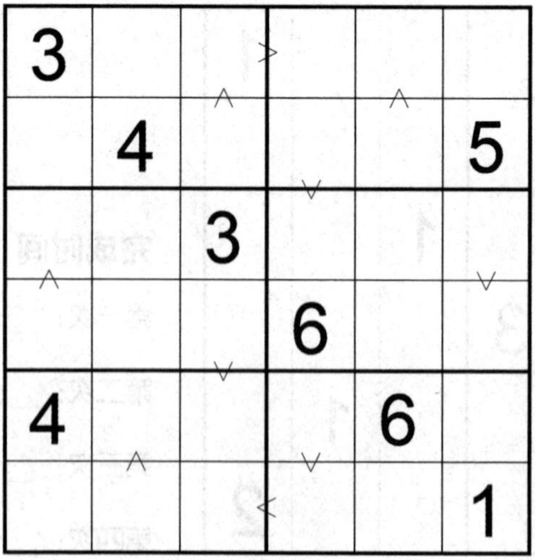

完成时间

第一次：__ 分 __ 秒

第二次：__ 分 __ 秒

第三次：__ 分 __ 秒

第四次：__ 分 __ 秒

197

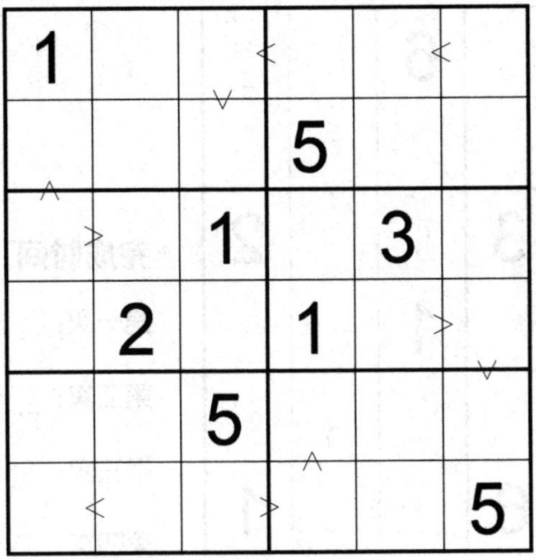

完成时间

第一次：__ 分 __ 秒

第二次：__ 分 __ 秒

第三次：__ 分 __ 秒

第四次：__ 分 __ 秒

198

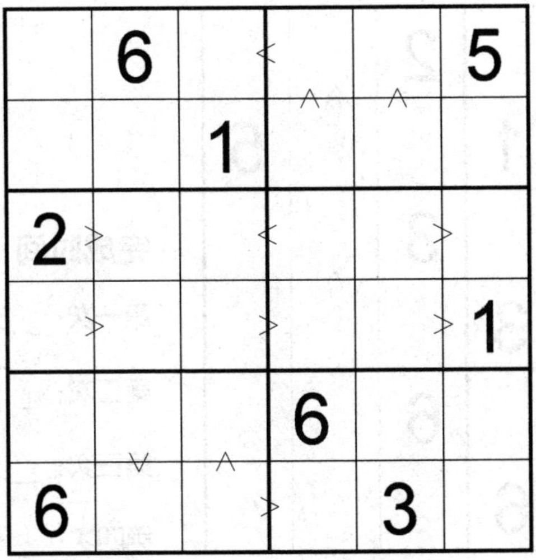

完成时间

第一次：__ 分 __ 秒

第二次：__ 分 __ 秒

第三次：__ 分 __ 秒

第四次：__ 分 __ 秒

199

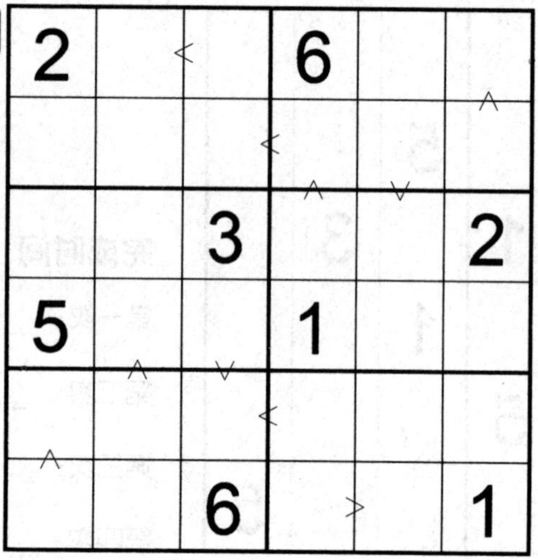

2		<	6		
					∧
		3			2
5			1		
			<		
∧		6	>		1

完成时间

第一次：__ 分 __ 秒

第二次：__ 分 __ 秒

第三次：__ 分 __ 秒

第四次：__ 分 __ 秒

200

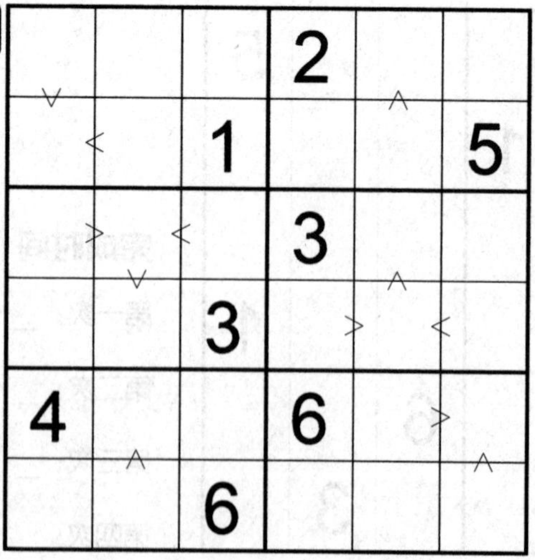

	∨		2	∧	
	<	1			5
	>	<	3		
	∨	3	>	<	
4			6	>	
	∧	6			∧

完成时间

第一次：__ 分 __ 秒

第二次：__ 分 __ 秒

第三次：__ 分 __ 秒

第四次：__ 分 __ 秒

201

完成时间

第一次：__ 分 __ 秒

第二次：__ 分 __ 秒

第三次：__ 分 __ 秒

第四次：__ 分 __ 秒

202

完成时间

第一次：__ 分 __ 秒

第二次：__ 分 __ 秒

第三次：__ 分 __ 秒

第四次：__ 分 __ 秒

203

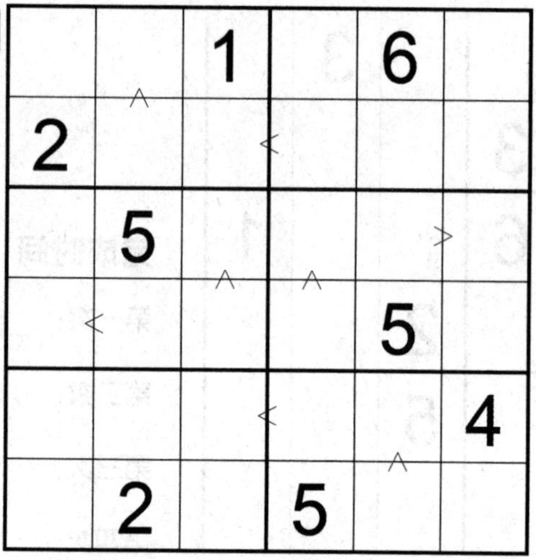

		1		6	
2					
	5				
				5	
					4
	2		5		

完成时间

第一次：__ 分 __ 秒

第二次：__ 分 __ 秒

第三次：__ 分 __ 秒

第四次：__ 分 __ 秒

204

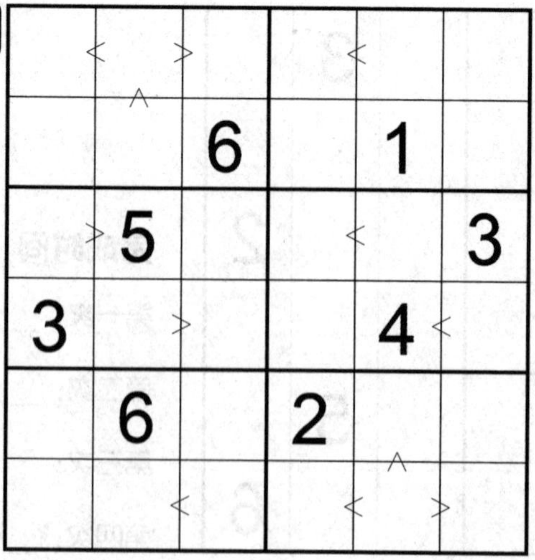

		6		1	
	5				3
3				4	
	6		2		

完成时间

第一次：__ 分 __ 秒

第二次：__ 分 __ 秒

第三次：__ 分 __ 秒

第四次：__ 分 __ 秒

205

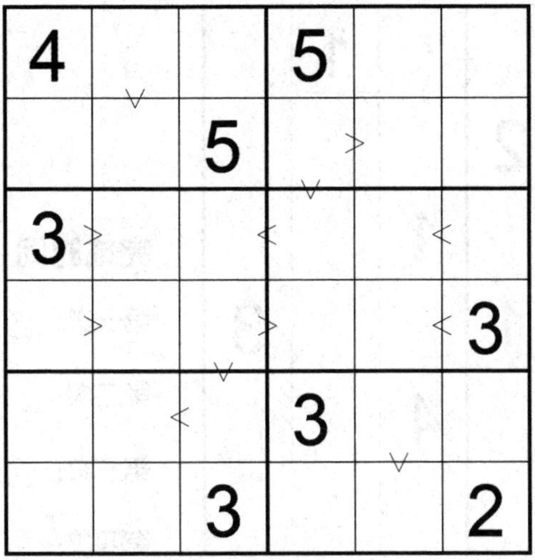

4			5		
		5			
3					
					3
			3		
		3			2

完成时间

第一次: __ 分 __ 秒

第二次: __ 分 __ 秒

第三次: __ 分 __ 秒

第四次: __ 分 __ 秒

206

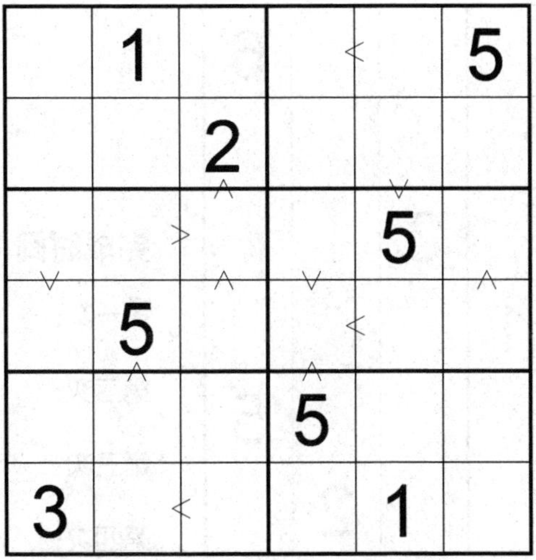

	1				5
		2			
				5	
	5				
			5		
3				1	

完成时间

第一次: __ 分 __ 秒

第二次: __ 分 __ 秒

第三次: __ 分 __ 秒

第四次: __ 分 __ 秒

141

207

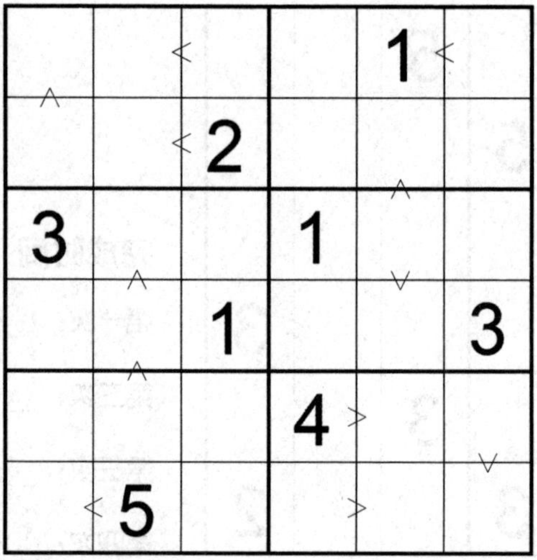

		<		1	<
		< 2			
3			1		
		1			3
			4 >		
	< 5		>		

完成时间

第一次：__ 分 __ 秒

第二次：__ 分 __ 秒

第三次：__ 分 __ 秒

第四次：__ 分 __ 秒

208

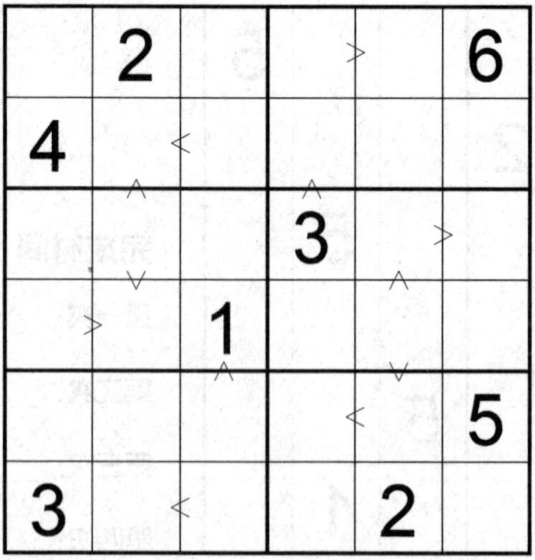

	2		>		6
4		<			
			3		>
		1			
			<		5
3		<		2	

完成时间

第一次：__ 分 __ 秒

第二次：__ 分 __ 秒

第三次：__ 分 __ 秒

第四次：__ 分 __ 秒

九宫
不等号数独

209

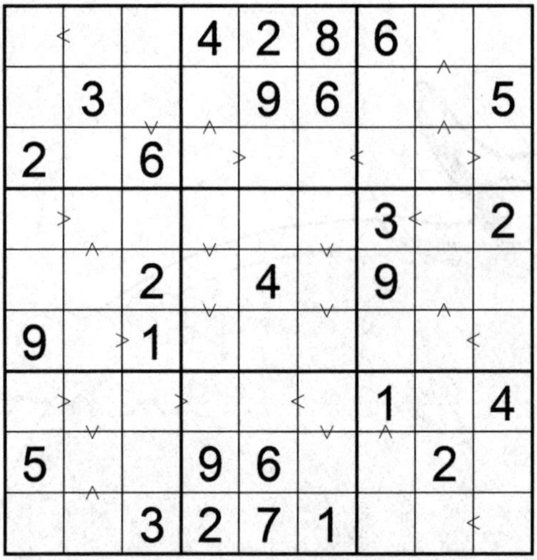

			4	2	8	6		
	3			9	6			5
2		6						
						3		2
		2		4		9		
9		1						
						1		4
5			9	6			2	
		3	2	7	1			

完成时间

第一次：＿分＿秒

第二次：＿分＿秒

第三次：＿分＿秒

第四次：＿分＿秒

210

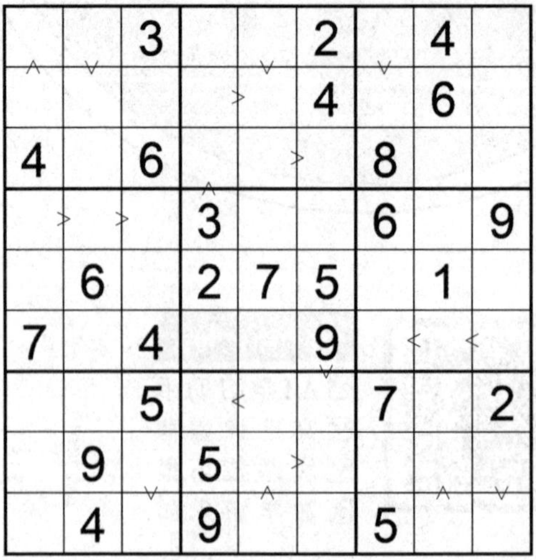

		3		2		4		
				4		6		
4		6			8			
			3		6			9
	6		2	7	5		1	
7		4			9			
		5				7		2
	9		5					
	4		9			5		

完成时间

第一次：＿分＿秒

第二次：＿分＿秒

第三次：＿分＿秒

第四次：＿分＿秒

211

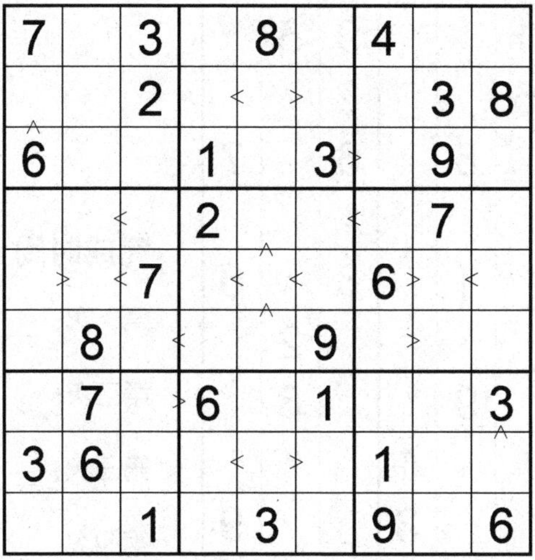

7		3		8		4		
		2					3	8
6			1		3		9	
			2				7	
		7				6		
	8				9			
	7		6		1			3
3	6						1	
		1		3		9		6

完成时间

第一次：__ 分 __ 秒

第二次：__ 分 __ 秒

第三次：__ 分 __ 秒

第四次：__ 分 __ 秒

212

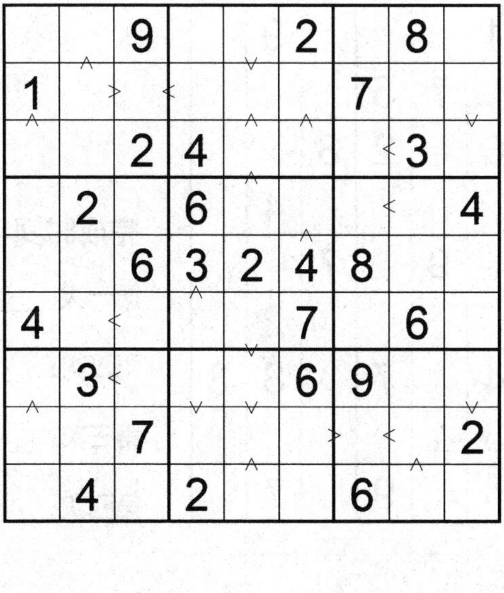

		9			2		8	
1						7		
		2	4				3	
	2		6					4
		6	3	2	4	8		
4					7		6	
	3				6	9		
		7						2
	4		2			6		

完成时间

第一次：__ 分 __ 秒

第二次：__ 分 __ 秒

第三次：__ 分 __ 秒

第四次：__ 分 __ 秒

213

7			1			9	5	
			6			2		
	4			8		6		7
	3							
2		7		1		8		6
							2	
5		3		9			8	
		6			1			
	8	1			3			9

完成时间

第一次：__分__秒

第二次：__分__秒

第三次：__分__秒

第四次：__分__秒

214

	4		1				9	
				7	5			
9	5		6		2	8		
	7						4	
		3		9		7		
	8						2	
		5	4		7		8	3
			3	1				
	3				9		7	

完成时间

第一次：__分__秒

第二次：__分__秒

第三次：__分__秒

第四次：__分__秒

215

7		3		2		8		
9				6			2	
	5					1		
3		6		4				
8			1					3
			3		9			1
		8					4	
	9			3				5
		7		4		9		8

完成时间

第一次：__ 分 __ 秒

第二次：__ 分 __ 秒

第三次：__ 分 __ 秒

第四次：__ 分 __ 秒

216

9			5				1	
	5	2		1				
		3					2	5
						5		
3	2			6			4	8
		8						
2	9					4		
				5		8	9	
	3				9			1

完成时间

第一次：__ 分 __ 秒

第二次：__ 分 __ 秒

第三次：__ 分 __ 秒

第四次：__ 分 __ 秒

217

6		4					7	
	7	9					5	
5				7				
		3	2				8	
7				8				6
	6				7	5		
				9				5
	9					7	3	
	4					6		8

完成时间

第一次：＿ 分 ＿ 秒

第二次：＿ 分 ＿ 秒

第三次：＿ 分 ＿ 秒

第四次：＿ 分 ＿ 秒

218

5		1					9	
6			2				4	
		2	7		1		5	
	6	3			2			5
				7				
7			3			4	8	
	8		4		9	5		
	1				3			4
	5					2		8

完成时间

第一次：＿ 分 ＿ 秒

第二次：＿ 分 ＿ 秒

第三次：＿ 分 ＿ 秒

第四次：＿ 分 ＿ 秒

219

		1					3	
3		2		5	1			7
	8							
1			8				7	6
	6			3			2	
7	2				6			9
							9	
2			3	9		7		8
	9				4			

完成时间

第一次：__ 分 __ 秒

第二次：__ 分 __ 秒

第三次：__ 分 __ 秒

第四次：__ 分 __ 秒

220

	9	6		1		5		
						3	6	
2		3		8				1
			6			2		
1				2				5
		2			7			
3			8			4		2
	7	5						
		4		3		8	1	

完成时间

第一次：__ 分 __ 秒

第二次：__ 分 __ 秒

第三次：__ 分 __ 秒

第四次：__ 分 __ 秒

221

6					1			
		5	7	9	6			1
	1	5			6			
1			9		8			
		9		6		5		
		8			7			9
			7			2	5	
8		4	6	5	2			
			1					6

完成时间

第一次：__ 分 __ 秒

第二次：__ 分 __ 秒

第三次：__ 分 __ 秒

第四次：__ 分 __ 秒

222

		2	4				8	5
	8			9	5			
4			8		3		9	
				8			5	
8		7				4		1
	9			4				
	1		9		4			6
			3	6			7	
6	7				8	3		

完成时间

第一次：__ 分 __ 秒

第二次：__ 分 __ 秒

第三次：__ 分 __ 秒

第四次：__ 分 __ 秒

223

	6			7				
3		1		5	9		8	
						3		
6		4		5				3
	1	3		4		8	9	
8				1		4		5
	3							
1		7	5			3		9
			3				5	

完成时间

第一次：__分__秒

第二次：__分__秒

第三次：__分__秒

第四次：__分__秒

224

1	4					6	3	
		9						
	2		4		3		9	
		4			2			
6	1		7		2		5	9
		2			7			
	3		8		1		2	
						3		
	6	7					8	1

完成时间

第一次：__分__秒

第二次：__分__秒

第三次：__分__秒

第四次：__分__秒

225

1							6	
7			9			1		
	6			4	1		7	9
							2	
	9		3		2		5	
	2							
5	1		2	8			9	
		6			7			3
	3							2

完成时间

第一次：__ 分 __ 秒

第二次：__ 分 __ 秒

第三次：__ 分 __ 秒

第四次：__ 分 __ 秒

226

	7				4		1	
				2				
5			8		3		6	2
1	5	7			2			
				4				
			7			2	8	6
8	2		4		5			1
				3				
	9		2				4	

完成时间

第一次：__ 分 __ 秒

第二次：__ 分 __ 秒

第三次：__ 分 __ 秒

第四次：__ 分 __ 秒

答案

001

3	8	5	4	2	6	1	9	7
6	2	1	3	7	9	4	8	5
4	9	7	8	1	5	2	3	6
5	6	9	7	4	2	3	1	8
1	7	8	5	9	3	6	2	4
2	4	3	6	8	1	7	5	9
9	3	6	2	5	7	8	4	1
8	1	2	9	6	4	5	7	3
7	5	4	1	3	8	9	6	2

002

4	8	2	1	3	9	6	7	5
9	5	3	7	2	6	1	8	4
1	6	7	8	5	4	3	9	2
2	3	1	6	7	8	4	5	9
8	9	4	3	1	5	2	6	7
5	7	6	9	4	2	8	1	3
3	2	9	5	8	1	7	4	6
6	4	8	2	9	7	5	3	1
7	1	5	4	6	3	9	2	8

003

6	3	7	4	8	2	5	1	9
9	2	5	3	1	7	4	8	6
8	4	1	9	6	5	7	2	3
7	1	3	6	9	8	2	5	4
2	5	8	7	4	3	9	6	1
4	9	6	2	5	1	3	7	8
5	6	9	1	7	4	8	3	2
1	7	2	8	3	9	6	4	5
3	8	4	5	2	6	1	9	7

004

1	8	9	2	5	7	3	6	4
3	5	7	6	9	4	8	1	2
4	2	6	1	8	3	7	9	5
7	3	4	5	1	6	9	2	8
8	1	5	9	3	2	4	7	6
6	9	2	7	4	8	1	5	3
9	7	3	8	6	5	2	4	1
5	4	1	3	2	9	6	8	7
2	6	8	4	7	1	5	3	9

005

1	7	9	6	3	8	5	4	2
3	8	5	2	4	1	7	6	9
2	4	6	5	7	9	1	3	8
4	5	2	1	8	6	9	7	3
7	9	3	4	2	5	8	1	6
8	6	1	3	9	7	4	2	5
6	1	7	9	5	2	3	8	4
9	2	4	8	1	3	6	5	7
5	3	8	7	6	4	2	9	1

006

4	1	2	7	9	8	3	6	5
7	6	3	4	5	1	2	8	9
5	9	8	3	2	6	4	7	1
9	3	5	6	4	2	8	1	7
2	7	6	8	1	5	9	3	4
8	4	1	9	7	3	6	5	2
1	8	4	2	3	7	5	9	6
3	5	9	1	6	4	7	2	8
6	2	7	5	8	9	1	4	3

007

3	2	7	1	4	8	9	6	5
9	6	4	2	3	5	1	7	8
5	1	8	6	7	9	2	3	4
7	4	9	3	8	6	5	2	1
2	3	5	9	1	7	8	4	6
6	8	1	5	2	4	7	9	3
8	9	2	4	6	1	3	5	7
4	7	3	8	5	2	6	1	9
1	5	6	7	9	3	4	8	2

008

3	8	9	2	4	1	5	6	7
4	6	2	8	5	7	9	1	3
7	1	5	6	9	3	4	2	8
9	2	8	3	6	4	1	7	5
5	3	1	7	2	9	8	4	6
6	7	4	5	1	8	2	3	9
1	5	7	4	8	6	3	9	2
8	9	3	1	7	2	6	5	4
2	4	6	9	3	5	7	8	1

009

9	2	3	1	7	8	5	4	6
1	5	7	4	2	6	9	8	3
6	8	4	5	9	3	2	1	7
3	1	9	6	8	4	7	5	2
2	7	8	9	3	5	4	6	1
4	6	5	7	1	2	8	3	9
7	3	6	8	5	9	1	2	4
5	9	2	3	4	1	6	7	8
8	4	1	2	6	7	3	9	5

010

8	7	1	2	4	5	6	3	9
2	6	5	1	9	3	8	7	4
4	9	3	8	7	6	2	5	1
6	3	4	5	1	7	9	2	8
5	8	2	6	3	9	4	1	7
9	1	7	4	8	2	3	6	5
7	2	8	9	6	1	5	4	3
3	4	6	7	5	8	1	9	2
1	5	9	3	2	4	7	8	6

011

4	7	5	2	6	1	3	9	8
1	9	6	8	4	3	5	7	2
8	2	3	5	9	7	1	4	6
3	5	1	6	7	4	8	2	9
9	8	7	3	5	2	4	6	1
6	4	2	1	8	9	7	5	3
7	3	8	9	2	5	6	1	4
2	6	4	7	1	8	9	3	5
5	1	9	4	3	6	2	8	7

012

2	4	6	1	8	3	7	5	9
7	5	9	2	4	6	1	3	8
3	1	8	9	7	5	2	4	6
9	3	5	4	2	7	6	8	1
4	6	1	3	9	8	5	2	7
8	2	7	5	6	1	3	9	4
6	9	2	7	5	4	8	1	3
1	8	4	6	3	2	9	7	5
5	7	3	8	1	9	4	6	2

013

1	3	5	7	4	6	9	2	8
4	2	7	9	5	8	6	3	1
9	6	8	1	3	2	4	5	7
3	5	1	6	8	9	7	4	2
2	9	4	5	1	7	3	8	6
8	7	6	4	2	3	5	1	9
6	1	3	2	9	5	8	7	4
7	8	2	3	6	4	1	9	5
5	4	9	8	7	1	2	6	3

014

3	6	7	9	2	1	4	5	8
5	4	1	6	8	7	3	9	2
9	2	8	4	5	3	1	6	7
8	5	9	3	1	4	7	2	6
2	3	4	8	7	6	9	1	5
1	7	6	2	9	5	8	3	4
7	8	2	5	3	9	6	4	1
6	1	3	7	4	2	5	8	9
4	9	5	1	6	8	2	7	3

015

8	6	3	5	1	7	2	9	4
9	7	2	4	3	6	5	1	8
1	4	5	8	9	2	6	7	3
5	1	9	7	2	4	8	3	6
7	3	4	1	6	8	9	5	2
2	8	6	3	5	9	7	4	1
6	2	1	9	4	5	3	8	7
3	9	7	6	8	1	4	2	5
4	5	8	2	7	3	1	6	9

016

3	8	4	7	9	2	5	1	6
9	5	6	3	1	8	2	7	4
2	1	7	6	5	4	8	3	9
1	2	8	9	6	7	4	5	3
6	4	5	8	3	1	7	9	2
7	3	9	2	4	5	6	8	1
8	6	1	5	2	3	9	4	7
5	9	3	4	7	6	1	2	8
4	7	2	1	8	9	3	6	5

017

9	5	2	3	8	7	4	6	1
7	3	8	6	4	1	5	9	2
6	1	4	5	2	9	7	8	3
4	2	3	9	1	6	8	7	5
8	7	9	4	5	3	2	1	6
5	6	1	2	7	8	3	4	9
2	4	6	7	9	5	1	3	8
3	8	5	1	6	4	9	2	7
1	9	7	8	3	2	6	5	4

018

4	5	6	1	7	2	8	3	9
7	8	1	4	9	3	2	5	6
9	3	2	6	5	8	4	7	1
5	6	9	3	8	7	1	2	4
1	4	3	2	6	5	7	9	8
8	2	7	9	4	1	3	6	5
3	7	4	5	1	6	9	8	2
6	1	8	7	2	9	5	4	3
2	9	5	8	3	4	6	1	7

019

5	3	6	1	7	4	9	2	8
8	1	7	6	2	9	3	5	4
9	2	4	5	3	8	6	1	7
1	7	3	9	4	5	2	8	6
4	6	5	2	8	1	7	3	9
2	9	8	3	6	7	1	4	5
7	8	1	4	9	3	5	6	2
3	4	2	7	5	6	8	9	1
6	5	9	8	1	2	4	7	3

020

9	4	6	5	8	3	7	2	1
5	8	1	4	2	7	3	6	9
3	2	7	1	9	6	8	5	4
2	7	5	8	1	4	9	3	6
8	6	4	9	3	5	2	1	7
1	9	3	7	6	2	5	4	8
6	1	9	3	5	8	4	7	2
7	5	8	2	4	1	6	9	3
4	3	2	6	7	9	1	8	5

021

8	1	5	2	4	7	9	3	6
9	2	6	8	3	1	7	5	4
7	3	4	9	6	5	8	2	1
1	4	7	5	9	8	3	6	2
5	6	9	4	2	3	1	7	8
3	8	2	7	1	6	4	9	5
2	7	1	3	5	4	6	8	9
4	5	3	6	8	9	2	1	7
6	9	8	1	7	2	5	4	3

022

1	6	3	9	8	4	7	2	5
8	5	7	2	1	6	4	9	3
4	9	2	3	5	7	1	6	8
6	7	4	1	3	5	9	8	2
9	1	8	4	6	2	3	5	7
2	3	5	7	9	8	6	4	1
3	4	1	8	2	9	5	7	6
5	8	9	6	7	3	2	1	4
7	2	6	5	4	1	8	3	9

023

2	4	1	6	7	3	8	5	9
3	5	7	9	2	8	6	1	4
9	6	8	4	5	1	3	7	2
5	7	9	8	4	2	1	6	3
8	2	6	3	1	5	9	4	7
1	3	4	7	6	9	5	2	8
7	9	5	1	8	4	2	3	6
4	1	3	2	9	6	7	8	5
6	8	2	5	3	7	4	9	1

024

6	1	5	7	8	4	9	3	2
2	7	8	3	1	9	6	4	5
3	9	4	2	5	6	8	7	1
9	4	2	5	3	8	1	6	7
7	6	3	1	4	2	5	8	9
8	5	1	9	6	7	3	2	4
1	8	7	6	2	5	4	9	3
4	3	9	8	7	1	2	5	6
5	2	6	4	9	3	7	1	8

025

6	4	1	2	7	8	9	3	5
7	5	8	6	3	9	4	2	1
3	9	2	4	5	1	8	7	6
1	3	4	8	9	5	7	6	2
8	6	5	1	2	7	3	4	9
2	7	9	3	4	6	5	1	8
4	8	7	5	6	2	1	9	3
9	1	6	7	8	3	2	5	4
5	2	3	9	1	4	6	8	7

026

8	9	6	1	3	5	2	7	4
4	1	3	2	7	8	6	9	5
5	2	7	6	9	4	1	3	8
9	5	2	3	1	6	8	4	7
6	7	1	8	4	9	5	2	3
3	8	4	7	5	2	9	1	6
1	4	9	5	8	7	3	6	2
7	6	8	9	2	3	4	5	1
2	3	5	4	6	1	7	8	9

027

2	6	3	5	9	7	4	1	8
9	1	5	8	6	4	2	3	7
7	4	8	3	2	1	6	5	9
8	5	1	6	3	2	7	9	4
4	2	9	7	1	5	8	6	3
3	7	6	9	4	8	1	2	5
1	9	4	2	7	3	5	8	6
5	3	2	4	8	6	9	7	1
6	8	7	1	5	9	3	4	2

028

3	2	1	5	4	9	8	6	7
4	8	9	6	3	7	5	1	2
7	6	5	1	8	2	4	9	3
1	4	7	9	2	5	6	3	8
9	3	8	4	6	1	2	7	5
2	5	6	8	7	3	1	4	9
8	1	2	7	9	6	3	5	4
6	9	4	3	5	8	7	2	1
5	7	3	2	1	4	9	8	6

029

3	8	6	1	5	7	9	2	4
1	9	4	6	2	3	8	5	7
5	7	2	4	9	8	1	3	6
9	4	5	7	3	2	6	1	8
7	2	1	9	8	6	3	4	5
6	3	8	5	1	4	2	7	9
4	5	9	3	6	1	7	8	2
2	1	7	8	4	9	5	6	3
8	6	3	2	7	5	4	9	1

030

4	3	2	1	9	8	5	7	6
1	8	7	5	6	4	9	3	2
9	5	6	3	2	7	8	1	4
7	2	4	9	5	3	6	8	1
5	6	8	2	7	1	4	9	3
3	9	1	4	8	6	2	5	7
2	4	3	8	1	5	7	6	9
8	7	9	6	3	2	1	4	5
6	1	5	7	4	9	3	2	8

031

5	7	2	1	6	4	8	9	3
1	4	9	8	3	5	6	7	2
3	6	8	7	2	9	4	1	5
9	2	4	6	8	1	3	5	7
6	3	5	4	7	2	9	8	1
7	8	1	5	9	3	2	6	4
4	5	3	9	1	6	7	2	8
8	1	6	2	4	7	5	3	9
2	9	7	3	5	8	1	4	6

032

3	7	9	1	6	4	5	2	8
4	5	8	3	9	2	7	1	6
1	2	6	8	7	5	9	4	3
5	3	1	9	8	6	2	7	4
8	6	2	7	4	1	3	9	5
7	9	4	2	5	3	6	8	1
9	4	3	5	2	8	1	6	7
6	1	7	4	3	9	8	5	2
2	8	5	6	1	7	4	3	9

033

1	2	7	3	4	5	8	9	6
3	8	9	2	6	1	4	5	7
5	6	4	9	7	8	3	2	1
7	4	3	8	9	2	1	6	5
2	5	1	4	3	6	7	8	9
6	9	8	5	1	7	2	3	4
8	1	2	7	5	9	6	4	3
4	7	5	6	2	3	9	1	8
9	3	6	1	8	4	5	7	2

034

1	7	2	8	3	4	5	9	6
8	5	9	2	1	6	4	3	7
6	3	4	9	5	7	8	1	2
2	1	5	7	9	8	3	6	4
9	8	7	6	4	3	1	2	5
3	4	6	1	2	5	9	7	8
4	2	8	3	7	1	6	5	9
5	9	3	4	6	2	7	8	1
7	6	1	5	8	9	2	4	3

035

6	1	9	8	5	2	7	3	4
7	8	3	9	6	4	5	2	1
5	4	2	3	1	7	6	9	8
2	5	8	6	3	9	1	4	7
3	6	4	1	7	8	2	5	9
9	7	1	4	2	5	8	6	3
4	9	5	2	8	1	3	7	6
1	2	6	7	4	3	9	8	5
8	3	7	5	9	6	4	1	2

036

3	5	9	4	2	8	1	7	6
6	4	2	1	5	7	3	8	9
8	7	1	9	3	6	2	4	5
7	8	3	5	9	1	4	6	2
9	1	6	2	7	4	5	3	8
5	2	4	8	6	3	7	9	1
1	6	8	7	4	2	9	5	3
4	3	5	6	1	9	8	2	7
2	9	7	3	8	5	6	1	4

037

3	2	4	7	9	6	8	5	1
7	9	6	1	5	8	4	3	2
5	1	8	3	2	4	9	6	7
1	8	9	5	3	2	6	7	4
2	3	7	6	4	1	5	9	8
6	4	5	8	7	9	2	1	3
9	5	3	4	8	7	1	2	6
4	6	2	9	1	3	7	8	5
8	7	1	2	6	5	3	4	9

038

2	1	4	3	6	8	7	5	9
3	6	9	7	5	1	8	4	2
5	7	8	2	9	4	1	3	6
6	2	5	1	7	3	9	8	4
1	8	7	9	4	2	3	6	5
9	4	3	5	8	6	2	7	1
7	9	2	4	3	5	6	1	8
4	3	6	8	1	9	5	2	7
8	5	1	6	2	7	4	9	3

039

6	9	1	3	5	7	8	2	4
5	3	2	6	4	8	7	1	9
7	4	8	1	2	9	3	5	6
3	5	9	4	7	2	6	8	1
8	2	7	5	6	1	4	9	3
1	6	4	8	9	3	2	7	5
4	1	6	2	8	5	9	3	7
9	8	3	7	1	4	5	6	2
2	7	5	9	3	6	1	4	8

040

2	4	1	5	9	8	7	6	3
3	5	9	6	7	2	4	8	1
6	8	7	4	3	1	5	2	9
5	1	6	2	8	3	9	7	4
4	7	3	9	1	6	8	5	2
8	9	2	7	5	4	3	1	6
1	2	5	8	4	9	6	3	7
7	6	4	3	2	5	1	9	8
9	3	8	1	6	7	2	4	5

041

4	7	6	9	2	8	1	5	3
2	5	8	3	1	7	9	4	6
1	9	3	4	5	6	2	7	8
7	2	5	6	8	9	3	1	4
6	3	4	5	7	1	8	2	9
9	8	1	2	4	3	7	6	5
3	4	7	8	6	2	5	9	1
5	1	9	7	3	4	6	8	2
8	6	2	1	9	5	4	3	7

042

6	8	4	2	3	5	9	7	1
5	1	3	6	9	7	4	8	2
9	7	2	1	8	4	3	5	6
2	4	6	7	1	8	5	9	3
8	9	1	5	6	3	7	2	4
7	3	5	4	2	9	1	6	8
1	5	8	3	7	2	6	4	9
4	6	9	8	5	1	2	3	7
3	2	7	9	4	6	8	1	5

043

1	3	4	6	7	9	8	5	2
7	9	8	5	2	1	4	3	6
2	6	5	3	8	4	7	9	1
3	1	2	4	6	7	9	8	5
6	4	9	2	5	8	3	1	7
8	5	7	1	9	3	2	6	4
4	7	6	8	3	5	1	2	9
9	2	3	7	1	6	5	4	8
5	8	1	9	4	2	6	7	3

044

2	5	1	6	8	4	7	9	3
7	4	8	3	2	9	1	6	5
9	3	6	5	7	1	2	4	8
5	1	9	2	3	8	6	7	4
4	6	2	7	9	5	8	3	1
8	7	3	1	4	6	9	5	2
3	8	4	9	1	7	5	2	6
1	9	5	4	6	2	3	8	7
6	2	7	8	5	3	4	1	9

045

5	8	2	3	6	4	9	7	1
6	4	9	2	7	1	8	3	5
3	1	7	9	5	8	6	2	4
2	7	8	4	3	5	1	9	6
1	6	4	7	8	9	3	5	2
9	5	3	6	1	2	4	8	7
7	9	1	8	2	6	5	4	3
8	3	6	5	4	7	2	1	9
4	2	5	1	9	3	7	6	8

046

4	8	5	2	7	9	3	1	6
2	1	3	6	5	8	4	9	7
7	6	9	4	1	3	2	8	5
8	3	4	7	9	2	5	6	1
9	2	7	5	6	1	8	3	4
6	5	1	8	3	4	9	7	2
5	7	8	3	4	6	1	2	9
3	9	6	1	2	5	7	4	8
1	4	2	9	8	7	6	5	3

047

2	5	4	6	1	3
6	3	1	5	2	4
3	1	6	4	5	2
4	2	5	1	3	6
5	6	2	3	4	1
1	4	3	2	6	5

048

4	6	1	5	2	3
5	3	2	6	4	1
3	2	5	1	6	4
1	4	6	2	3	5
6	5	3	4	1	2
2	1	4	3	5	6

049

2	4	5	1	3	6
1	6	3	4	2	5
5	2	4	3	6	1
6	3	1	5	4	2
3	5	2	6	1	4
4	1	6	2	5	3

050

1	3	4	6	5	2
2	5	6	4	3	1
3	4	2	1	6	5
6	1	5	3	2	4
5	6	1	2	4	3
4	2	3	5	1	6

051

3	6	5	4	2	1
1	2	4	6	3	5
5	4	1	2	6	3
2	3	6	5	1	4
6	5	3	1	4	2
4	1	2	3	5	6

052

5	4	3	1	2	6
1	6	2	4	5	3
6	2	1	3	4	5
3	5	4	2	6	1
4	1	6	5	3	2
2	3	5	6	1	4

053

3	5	6	1	2	4
4	2	1	5	3	6
6	3	4	2	5	1
2	1	5	6	4	3
5	6	3	4	1	2
1	4	2	3	6	5

054

6	3	5	2	4	1
1	4	2	3	6	5
5	2	1	4	3	6
4	6	3	5	1	2
3	5	6	1	2	4
2	1	4	6	5	3

055

2	5	6	3	1	4
3	4	1	6	5	2
4	1	5	2	6	3
6	2	3	1	4	5
5	6	2	4	3	1
1	3	4	5	2	6

056

4	5	3	1	6	2
2	6	1	3	5	4
1	2	5	6	4	3
6	3	4	2	1	5
5	1	2	4	3	6
3	4	6	5	2	1

057

5	3	6	1	4	2
2	4	1	3	5	6
6	5	2	4	3	1
4	1	3	6	2	5
3	6	5	2	1	4
1	2	4	5	6	3

058

5	3	2	6	4	1
1	4	6	2	3	5
2	1	3	4	5	6
4	6	5	1	2	3
3	2	1	5	6	4
6	5	4	3	1	2

059

4	5	1	3	2	6
3	6	2	5	4	1
1	4	5	2	6	3
6	2	3	1	5	4
2	1	6	4	3	5
5	3	4	6	1	2

060

2	1	5	6	4	3
6	3	4	1	2	5
3	4	6	5	1	2
5	2	1	4	3	6
1	6	2	3	5	4
4	5	3	2	6	1

061

3	5	4	2	6	1
2	1	6	5	3	4
4	3	5	6	1	2
1	6	2	4	5	3
6	4	3	1	2	5
5	2	1	3	4	6

062

4	5	2	6	3	1
6	1	3	5	4	2
1	3	6	2	5	4
2	4	5	3	1	6
5	6	1	4	2	3
3	2	4	1	6	5

063

4	1	2	6	3	5
6	5	3	1	4	2
2	4	1	3	5	6
5	3	6	2	1	4
3	2	4	5	6	1
1	6	5	4	2	3

064

3	2	5	1	4	6
6	4	1	5	2	3
2	1	6	3	5	4
5	3	4	2	6	1
4	5	3	6	1	2
1	6	2	4	3	5

065

5	7	8	3	4	2	1	9	6
6	2	4	9	5	1	7	8	3
1	9	3	7	8	6	4	2	5
9	6	2	8	3	7	5	1	4
8	3	7	5	1	4	2	6	9
4	1	5	2	6	9	3	7	8
2	8	9	4	7	5	6	3	1
7	5	6	1	9	3	8	4	2
3	4	1	6	2	8	9	5	7

066

3	4	6	2	8	5	7	1	9
5	1	9	3	7	4	8	6	2
7	2	8	9	1	6	4	3	5
8	6	2	7	4	3	5	9	1
9	3	1	6	5	8	2	4	7
4	7	5	1	2	9	3	8	6
1	9	7	4	3	2	6	5	8
6	8	4	5	9	7	1	2	3
2	5	3	8	6	1	9	7	4

067

9	1	7	4	2	5	8	3	6
8	4	2	6	3	7	9	5	1
5	3	6	8	1	9	4	7	2
1	2	8	7	4	3	6	9	5
4	6	9	5	8	2	3	1	7
7	5	3	9	6	1	2	8	4
3	8	1	2	7	6	5	4	9
6	7	5	3	9	4	1	2	8
2	9	4	1	5	8	7	6	3

068

7	5	1	9	4	6	2	3	8
9	3	8	2	5	1	4	6	7
4	6	2	7	8	3	1	5	9
3	4	9	1	2	5	8	7	6
5	2	6	8	9	7	3	1	4
1	8	7	3	6	4	5	9	2
8	1	4	5	7	9	6	2	3
6	7	5	4	3	2	9	8	1
2	9	3	6	1	8	7	4	5

069

3	2	8	1	4	7	9	6	5
4	7	9	2	6	5	3	8	1
1	6	5	9	8	3	7	4	2
7	9	3	6	5	4	1	2	8
6	5	1	7	2	8	4	3	9
8	4	2	3	9	1	5	7	6
2	3	6	4	1	9	8	5	7
5	1	4	8	7	6	2	9	3
9	8	7	5	3	2	6	1	4

070

5	6	3	4	7	9	1	2	8
2	4	7	1	3	8	9	6	5
8	1	9	2	6	5	3	7	4
9	3	6	7	5	1	4	8	2
1	7	8	3	2	4	5	9	6
4	2	5	9	8	6	7	1	3
3	9	4	6	1	2	8	5	7
6	5	1	8	4	7	2	3	9
7	8	2	5	9	3	6	4	1

071

8	5	9	2	7	3	1	4	6
7	1	4	8	5	6	3	2	9
2	3	6	9	1	4	5	7	8
1	4	5	3	6	7	8	9	2
6	9	8	5	4	2	7	3	1
3	7	2	1	8	9	4	6	5
5	6	3	7	9	8	2	1	4
4	8	7	6	2	1	9	5	3
9	2	1	4	3	5	6	8	7

072

3	7	8	1	9	2	4	5	6
1	9	4	5	7	6	2	8	3
6	5	2	3	4	8	1	7	9
9	8	5	7	2	3	6	1	4
2	4	6	8	5	1	3	9	7
7	3	1	9	6	4	5	2	8
5	1	7	6	3	9	8	4	2
8	2	3	4	1	7	9	6	5
4	6	9	2	8	5	7	3	1

073

2	4	8	7	9	3	6	5	1
7	5	3	6	2	1	4	8	9
1	6	9	8	4	5	7	3	2
6	7	5	4	1	9	3	2	8
9	8	1	3	6	2	5	4	7
3	2	4	5	8	7	1	9	6
5	9	2	1	3	6	8	7	4
8	3	6	9	7	4	2	1	5
4	1	7	2	5	8	9	6	3

074

7	1	6	8	5	3	4	9	2
4	3	2	7	1	9	8	6	5
9	5	8	2	6	4	7	3	1
3	2	5	6	9	8	1	7	4
8	7	9	5	4	1	3	2	6
1	6	4	3	7	2	9	5	8
6	4	1	9	2	7	5	8	3
2	9	3	4	8	5	6	1	7
5	8	7	1	3	6	2	4	9

075

9	4	5	6	8	3	1	2	7
8	7	1	9	2	4	3	6	5
3	6	2	7	5	1	8	9	4
5	9	7	8	6	2	4	1	3
1	2	8	4	3	9	5	7	6
6	3	4	1	7	5	9	8	2
2	1	9	5	4	7	6	3	8
7	5	6	3	1	8	2	4	9
4	8	3	2	9	6	7	5	1

076

9	2	7	5	6	1	3	4	8
8	6	5	2	4	3	7	9	1
1	4	3	9	8	7	2	6	5
5	3	2	4	9	6	1	8	7
7	9	6	8	1	2	5	3	4
4	8	1	7	3	5	6	2	9
2	7	4	3	5	9	8	1	6
6	5	8	1	2	4	9	7	3
3	1	9	6	7	8	4	5	2

077

7	9	6	3	5	1	4	2	8
8	4	5	9	2	7	3	1	6
2	3	1	4	6	8	5	7	9
9	5	4	8	3	2	7	6	1
3	7	2	1	9	6	8	4	5
6	1	8	7	4	5	2	9	3
1	2	3	5	7	9	6	8	4
5	6	9	2	8	4	1	3	7
4	8	7	6	1	3	9	5	2

078

3	8	9	5	2	4	1	7	6
4	2	6	1	9	7	8	3	5
5	7	1	3	6	8	4	2	9
6	5	2	4	3	1	9	8	7
9	3	8	6	7	2	5	4	1
1	4	7	8	5	9	3	6	2
7	1	5	2	8	3	6	9	4
8	9	4	7	1	6	2	5	3
2	6	3	9	4	5	7	1	8

079

3	4	2	8	9	5	7	1	6
5	8	9	6	1	7	3	4	2
6	7	1	3	2	4	9	5	8
2	1	4	5	8	3	6	7	9
8	6	5	1	7	9	4	2	3
7	9	3	2	4	6	1	8	5
9	3	8	4	5	1	2	6	7
4	5	6	7	3	2	8	9	1
1	2	7	9	6	8	5	3	4

080

8	7	4	5	9	2	6	3	1
3	5	2	6	1	7	4	8	9
1	9	6	8	3	4	7	2	5
9	6	3	7	8	5	2	1	4
7	2	1	9	4	3	8	5	6
4	8	5	2	6	1	9	7	3
2	4	9	1	5	8	3	6	7
5	3	7	4	2	6	1	9	8
6	1	8	3	7	9	5	4	2

081

1	2	4	5	6	3	9	8	7
9	7	6	1	2	8	3	5	4
8	5	3	7	9	4	6	1	2
6	3	7	9	1	2	8	4	5
2	8	9	3	4	5	1	7	6
4	1	5	8	7	6	2	3	9
7	4	1	2	8	9	5	6	3
5	9	8	6	3	7	4	2	1
3	6	2	4	5	1	7	9	8

082

6	2	4	5	3	1	7	9	8
9	5	8	7	6	4	2	1	3
1	7	3	2	8	9	4	6	5
7	6	5	4	1	3	8	2	9
4	3	9	8	2	5	1	7	6
2	8	1	6	9	7	3	5	4
8	1	7	3	5	6	9	4	2
3	9	6	1	4	2	5	8	7
5	4	2	9	7	8	6	3	1

083

4	5	2	3	6	1
6	3	1	4	5	2
2	4	3	5	1	6
1	6	5	2	3	4
3	2	6	1	4	5
5	1	4	6	2	3

084

4	2	6	1	5	3
1	5	3	2	6	4
2	1	4	6	3	5
6	3	5	4	1	2
5	6	2	3	4	1
3	4	1	5	2	6

085

3	4	2	5	1	6
6	1	5	4	2	3
5	2	4	6	3	1
1	3	6	2	4	5
4	5	1	3	6	2
2	6	3	1	5	4

086

5	3	6	1	4	2
1	2	4	5	6	3
4	6	1	2	3	5
2	5	3	4	1	6
3	4	2	6	5	1
6	1	5	3	2	4

087

4	1	2	6	3	5
5	3	6	1	2	4
3	4	1	5	6	2
2	6	5	4	1	3
1	2	4	3	5	6
6	5	3	2	4	1

088

1	3	5	4	2	6
6	2	4	3	5	1
4	5	6	2	1	3
3	1	2	6	4	5
2	6	1	5	3	4
5	4	3	1	6	2

089

4	3	2	5	6	1
1	6	5	3	4	2
5	2	4	1	3	6
3	1	6	4	2	5
6	5	3	2	1	4
2	4	1	6	5	3

090

4	6	2	5	1	3
5	1	3	4	2	6
2	4	6	3	5	1
3	5	1	6	4	2
6	2	4	1	3	5
1	3	5	2	6	4

091

4	6	3	2	5	1
5	2	1	4	3	6
3	5	2	1	6	4
6	1	4	3	2	5
1	3	5	6	4	2
2	4	6	5	1	3

092

1	5	3	4	2	6
6	4	2	1	5	3
3	1	5	6	4	2
2	6	4	3	1	5
5	3	1	2	6	4
4	2	6	5	3	1

093

3	2	5	6	4	1
4	1	6	2	3	5
1	5	2	3	6	4
6	4	3	1	5	2
5	6	1	4	2	3
2	3	4	5	1	6

094

3	1	6	2	5	4
5	4	2	3	6	1
6	3	1	4	2	5
4	2	5	1	3	6
1	6	3	5	4	2
2	5	4	6	1	3

095

6	5	3	1	2	4
2	4	1	6	3	5
5	3	6	2	4	1
1	2	4	3	5	6
4	6	2	5	1	3
3	1	5	4	6	2

096

6	2	5	1	4	3
1	3	4	6	2	5
2	1	6	5	3	4
4	5	3	2	6	1
3	6	1	4	5	2
5	4	2	3	1	6

097

2	5	1	4	6	3
4	3	6	1	5	2
6	2	5	3	1	4
3	1	4	5	2	6
5	6	3	2	4	1
1	4	2	6	3	5

098

2	3	6	1	5	4
4	1	5	3	6	2
5	4	2	6	1	3
3	6	1	2	4	5
1	5	3	4	2	6
6	2	4	5	3	1

099

3	5	2	1	4	6
6	4	1	2	5	3
2	6	5	3	1	4
1	3	4	6	2	5
5	1	3	4	6	2
4	2	6	5	3	1

100

4	5	1	3	2	6
2	6	3	5	1	4
5	4	2	6	3	1
3	1	6	2	4	5
1	2	5	4	6	3
6	3	4	1	5	2

101

4	6	2	9	7	1	8	3	5
9	5	8	2	6	3	4	7	1
7	3	1	4	5	8	9	2	6
2	4	9	6	3	5	1	8	7
8	7	3	1	2	4	5	6	9
5	1	6	8	9	7	3	4	2
6	9	5	3	4	2	7	1	8
3	8	7	5	1	6	2	9	4
1	2	4	7	8	9	6	5	3

102

9	1	6	5	8	4	3	2	7
5	4	7	3	2	9	6	8	1
3	8	2	1	7	6	4	5	9
7	5	3	8	9	2	1	6	4
2	6	4	7	1	5	8	9	3
8	9	1	6	4	3	5	7	2
1	2	9	4	6	8	7	3	5
4	3	8	2	5	7	9	1	6
6	7	5	9	3	1	2	4	8

103

8	1	6	2	9	3	5	4	7
9	5	3	8	7	4	6	2	1
4	2	7	1	6	5	3	8	9
2	3	9	5	8	1	7	6	4
5	7	1	3	4	6	8	9	2
6	4	8	7	2	9	1	5	3
1	8	2	4	5	7	9	3	6
3	6	4	9	1	8	2	7	5
7	9	5	6	3	2	4	1	8

104

8	1	9	5	7	4	2	3	6
4	3	5	6	1	2	8	7	9
2	6	7	8	3	9	4	1	5
9	4	1	2	8	6	7	5	3
6	7	2	1	5	3	9	4	8
3	5	8	9	4	7	1	6	2
5	9	6	4	2	1	3	8	7
1	2	3	7	6	8	5	9	4
7	8	4	3	9	5	6	2	1

105

9	6	1	8	7	4	3	5	2
8	4	5	3	1	2	9	6	7
3	7	2	9	5	6	8	4	1
6	2	3	7	8	5	4	1	9
4	1	9	2	6	3	5	7	8
7	5	8	1	4	9	6	2	3
2	8	6	4	3	7	1	9	5
1	9	4	5	2	8	7	3	6
5	3	7	6	9	1	2	8	4

106

7	1	5	9	4	2	3	6	8
8	4	2	6	3	7	9	5	1
9	6	3	5	8	1	2	7	4
1	3	9	4	5	6	8	2	7
6	2	8	7	1	9	4	3	5
5	7	4	3	2	8	6	1	9
2	9	1	8	7	3	5	4	6
3	5	6	1	9	4	7	8	2
4	8	7	2	6	5	1	9	3

107

6	7	8	2	3	9	1	5	4
5	1	4	8	6	7	3	9	2
9	3	2	5	4	1	7	8	6
3	5	1	6	7	4	8	2	9
4	6	9	3	2	8	5	1	7
8	2	7	1	9	5	4	6	3
7	8	6	9	1	3	2	4	5
2	4	5	7	8	6	9	3	1
1	9	3	4	5	2	6	7	8

108

7	5	2	4	8	1	9	6	3
6	3	4	9	7	5	2	8	1
9	8	1	3	6	2	5	7	4
2	4	3	8	1	6	7	9	5
5	6	7	2	9	3	4	1	8
8	1	9	7	5	4	6	3	2
4	9	5	1	3	7	8	2	6
1	2	8	6	4	9	3	5	7
3	7	6	5	2	8	1	4	9

109

9	7	1	3	2	5	8	4	6
3	4	6	9	8	7	2	1	5
5	8	2	4	6	1	9	7	3
8	2	3	1	5	4	7	6	9
7	1	9	2	3	6	5	8	4
4	6	5	7	9	8	3	2	1
6	3	8	5	4	2	1	9	7
1	9	4	8	7	3	6	5	2
2	5	7	6	1	9	4	3	8

110

2	3	9	6	1	5	7	8	4
6	8	1	4	3	7	2	9	5
7	4	5	9	2	8	6	1	3
8	7	3	2	5	1	4	6	9
1	9	6	3	8	4	5	2	7
5	2	4	7	6	9	8	3	1
4	1	2	5	9	6	3	7	8
3	5	8	1	7	2	9	4	6
9	6	7	8	4	3	1	5	2

111

6	8	2	5	7	3	1	4	9
1	4	9	8	6	2	3	5	7
3	5	7	1	4	9	6	8	2
9	3	8	2	5	7	4	6	1
5	7	4	3	1	6	9	2	8
2	6	1	4	9	8	5	7	3
4	9	5	7	8	1	2	3	6
7	1	3	6	2	5	8	9	4
8	2	6	9	3	4	7	1	5

112

7	3	9	2	1	6	4	8	5
8	4	2	9	7	5	1	6	3
1	5	6	3	4	8	2	9	7
3	1	4	5	9	2	6	7	8
5	6	7	1	8	4	9	3	2
2	9	8	7	6	3	5	1	4
4	7	3	6	5	9	8	2	1
6	8	1	4	2	7	3	5	9
9	2	5	8	3	1	7	4	6

113

2	4	1	5	6	3	8	7	9
3	8	5	7	1	9	6	4	2
7	6	9	4	2	8	5	3	1
5	2	3	1	7	6	9	8	4
8	7	4	3	9	2	1	5	6
9	1	6	8	5	4	3	2	7
4	5	7	6	8	1	2	9	3
1	9	8	2	3	7	4	6	5
6	3	2	9	4	5	7	1	8

114

1	4	6	7	3	5	9	2	8
2	9	7	6	4	8	3	5	1
8	3	5	2	1	9	7	6	4
5	8	9	3	6	1	2	4	7
6	1	2	8	7	4	5	3	9
4	7	3	9	5	2	1	8	6
9	6	8	5	2	7	4	1	3
3	5	4	1	9	6	8	7	2
7	2	1	4	8	3	6	9	5

115

4	6	5	3	8	9	1	2	7
9	3	8	7	2	1	4	6	5
7	1	2	6	5	4	3	8	9
8	9	3	4	6	2	5	7	1
6	5	4	8	1	7	2	9	3
2	7	1	9	3	5	8	4	6
1	4	9	2	7	3	6	5	8
5	8	7	1	4	6	9	3	2
3	2	6	5	9	8	7	1	4

116

8	1	7	9	3	5	4	6	2
9	4	6	7	1	2	3	5	8
2	3	5	6	8	4	7	9	1
5	6	8	2	7	3	9	1	4
1	2	4	5	9	8	6	7	3
3	7	9	4	6	1	8	2	5
7	5	1	8	4	6	2	3	9
6	8	3	1	2	9	5	4	7
4	9	2	3	5	7	1	8	6

117

7	6	3	9	1	5	2	4	8
4	2	1	7	3	8	6	9	5
5	8	9	6	2	4	7	3	1
1	7	6	5	4	9	3	8	2
3	4	2	8	7	1	5	6	9
8	9	5	2	6	3	1	7	4
6	5	7	4	8	2	9	1	3
2	3	8	1	9	7	4	5	6
9	1	4	3	5	6	8	2	7

118

9	8	5	2	3	1	7	4	6
4	2	3	7	9	6	8	5	1
1	6	7	5	8	4	2	9	3
3	5	1	8	2	7	4	6	9
2	9	8	6	4	5	3	1	7
7	4	6	9	1	3	5	2	8
8	1	2	3	5	9	6	7	4
6	3	9	4	7	2	1	8	5
5	7	4	1	6	8	9	3	2

119

2	1	3	6	4	5
4	6	5	2	1	3
5	2	4	1	3	6
6	3	1	4	5	2
3	4	6	5	2	1
1	5	2	3	6	4

120

4	2	1	6	3	5
6	5	3	4	2	1
3	6	2	5	1	4
5	1	4	2	6	3
1	4	6	3	5	2
2	3	5	1	4	6

121

(6) 2	4	(9) 1	3	(11) 5	6
(11) 6	(4) 3	5	(3) 2	1	(6) 4
5	1	(9) 3	(7) 6	(7) 4	2
(7) 4	(8) 2	6	1	3	(8) 5
3	6	(6) 4	(9) 5	2	1
(6) 1	5	2	4	(9) 6	3

122

(11) 4	1	(8) 2	5	(5) 3	(10) 6
(7) 5	6	(4) 3	1	2	4
2	(9) 4	1	(13) 3	(11) 6	5
(9) 3	5	6	4	(3) 1	2
6	(7) 3	4	(13) 2	(9) 5	(4) 1
(3) 1	2	5	6	4	3

123

(11) 6	5	(5) 1	(5) 3	2	(10) 4
(5) 3	2	4	(6) 5	1	6
(8) 1	4	(8) 6	2	(12) 5	3
(6) 2	3	(11) 5	6	4	(6) 1
4	(12) 6	(5) 2	(8) 1	3	5
5	1	3	4	(8) 6	2

124

(9) 3	(7) 4	1	(7) 6	(7) 5	2
6	(13) 5	2	1	(7) 4	3
(9) 5	2	6	(9) 4	(4) 3	1
1	3	(9) 4	5	(12) 2	6
(3) 2	1	5	(9) 3	6	4
(10) 4	6	(5) 3	2	(6) 1	5

125

(10) 5	(5) 1	4	(10) 6	3	(6) 2
2	3	(9) 6	(6) 5	1	4
(9) 4	5	3	1	(8) 2	6
(8) 1	(8) 6	2	(9) 4	5	(8) 3
3	4	(6) 1	(5) 2	(11) 6	5
(8) 6	2	5	3	4	1

126

(15) 5	6	(3) 1	2	(7) 3	4
4	(5) 2	3	(11) 6	5	(6) 1
(13) 3	4	(8) 2	(5) 1	(8) 6	5
6	1	5	4	2	(9) 3
(3) 2	(12) 5	4	(4) 3	1	6
1	3	(11) 6	5	(6) 4	2

127

3	2	6	5	4	1
1	5	4	3	2	6
4	3	5	6	1	2
2	6	1	4	3	5
5	4	2	1	6	3
6	1	3	2	5	4

128

6	2	3	1	5	4
5	1	4	6	2	3
2	3	1	5	4	6
4	5	6	2	3	1
3	6	2	4	1	5
1	4	5	3	6	2

129

4	6	2	5	3	1
3	1	5	4	2	6
1	2	4	3	6	5
6	5	3	1	4	2
2	4	1	6	5	3
5	3	6	2	1	4

130

3	6	4	5	1	2
2	1	5	6	4	3
6	4	2	1	3	5
1	5	3	2	6	4
4	2	6	3	5	1
5	3	1	4	2	6

131

1	5	4	2	3	6
3	6	2	1	4	5
4	2	3	6	5	1
6	1	5	3	2	4
5	3	1	4	6	2
2	4	6	5	1	3

132

5	6	2	4	1	3
1	4	3	6	2	5
4	2	1	3	5	6
3	5	6	2	4	1
6	1	4	5	3	2
2	3	5	1	6	4

133

4	1	6	2	3	5
3	5	2	4	6	1
1	2	3	5	4	6
6	4	5	1	2	3
5	6	4	3	1	2
2	3	1	6	5	4

134

4	1	2	3	5	6
3	6	5	1	2	4
2	4	1	5	6	3
5	3	6	2	4	1
1	5	4	6	3	2
6	2	3	4	1	5

135

4	2	3	6	1	5
5	6	1	3	4	2
1	3	5	4	2	6
6	4	2	5	3	1
3	1	6	2	5	4
2	5	4	1	6	3

136

2	3	1	6	4	5
5	4	6	3	1	2
1	2	4	5	3	6
3	6	5	4	2	1
6	1	3	2	5	4
4	5	2	1	6	3

137

6	7	5	8	2	1	4	3	9
3	2	9	5	7	4	6	8	1
1	4	8	3	6	9	5	7	2
5	8	6	9	1	7	2	4	3
4	9	3	2	5	6	8	1	7
7	1	2	4	8	3	9	5	6
2	3	1	6	4	8	7	9	5
9	5	4	7	3	2	1	6	8
8	6	7	1	9	5	3	2	4

138

4	3	6	5	8	1	2	9	7
9	8	1	2	7	3	4	6	5
5	7	2	4	6	9	8	3	1
7	1	4	3	9	2	6	5	8
6	9	5	8	1	4	3	7	2
8	2	3	6	5	7	9	1	4
2	4	9	7	3	5	1	8	6
3	6	7	1	4	8	5	2	9
1	5	8	9	2	6	7	4	3

139

5	2	8	6	9	1	7	4	3
7	1	4	5	8	3	9	6	2
6	9	3	2	7	4	8	1	5
3	7	1	9	4	5	2	8	6
8	4	6	1	2	7	3	5	9
2	5	9	3	6	8	1	7	4
1	3	2	8	5	6	4	9	7
4	8	5	7	3	9	6	2	1
9	6	7	4	1	2	5	3	8

140

5	4	1	2	6	8	7	3	9
2	3	8	7	9	5	4	1	6
6	9	7	4	3	1	8	5	2
9	8	2	1	7	3	6	4	5
3	7	6	5	4	9	1	2	8
4	1	5	8	2	6	3	9	7
7	5	4	3	8	2	9	6	1
8	2	9	6	1	4	5	7	3
1	6	3	9	5	7	2	8	4

141

2	8	6	7	1	5	3	9	4
7	5	3	9	6	4	1	2	8
9	4	1	3	2	8	5	6	7
5	7	2	8	3	9	6	4	1
8	1	9	2	4	6	7	5	3
6	3	4	1	5	7	2	8	9
4	6	7	5	8	3	9	1	2
3	2	5	4	9	1	8	7	6
1	9	8	6	7	2	4	3	5

142

2	3	1	8	5	6	4	7	9
8	5	7	9	4	1	2	3	6
6	9	4	2	3	7	1	8	5
4	7	6	3	1	8	9	5	2
5	1	8	6	2	9	7	4	3
3	2	9	5	7	4	8	6	1
1	4	3	7	9	5	6	2	8
7	6	2	1	8	3	5	9	4
9	8	5	4	6	2	3	1	7

143

9	1	5	8	4	3	7	6	2
7	3	2	6	1	5	9	4	8
6	4	8	9	7	2	5	1	3
5	7	1	3	6	9	8	2	4
2	6	4	1	5	8	3	7	9
8	9	3	4	2	7	1	5	6
4	8	6	7	3	1	2	9	5
1	5	9	2	8	6	4	3	7
3	2	7	5	9	4	6	8	1

144

1	2	7	4	3	8	6	9	5
9	6	8	5	1	2	7	3	4
3	4	5	6	9	7	8	1	2
2	3	4	9	8	6	5	7	1
8	7	1	2	5	3	4	6	9
5	9	6	1	7	4	3	2	8
4	8	3	7	2	9	1	5	6
7	5	2	8	6	1	9	4	3
6	1	9	3	4	5	2	8	7

145

9	6	8	5	1	7	4	2	3
7	4	3	9	2	8	6	5	1
2	5	1	4	3	6	7	9	8
6	1	7	2	4	5	8	3	9
5	3	2	6	8	9	1	4	7
8	9	4	3	7	1	5	6	2
3	7	5	8	9	4	2	1	6
1	2	6	7	5	3	9	8	4
4	8	9	1	6	2	3	7	5

146

3	9	4	7	8	5	6	1	2
8	2	6	4	1	3	5	9	7
5	1	7	2	9	6	8	4	3
1	4	3	8	6	2	9	7	5
2	6	9	5	7	4	1	3	8
7	5	8	1	3	9	2	6	4
9	7	2	3	5	1	4	8	6
4	8	1	6	2	7	3	5	9
6	3	5	9	4	8	7	2	1

147

5	1	6	8	7	2	3	9	4
9	7	3	1	4	5	8	2	6
4	2	8	3	6	9	1	5	7
3	8	5	9	1	6	7	4	2
6	4	1	2	3	7	5	8	9
7	9	2	5	8	4	6	1	3
8	5	7	4	9	3	2	6	1
2	3	9	6	5	1	4	7	8
1	6	4	7	2	8	9	3	5

148

9	4	5	2	6	7	3	1	8
3	7	8	1	9	5	2	6	4
2	1	6	8	3	4	5	7	9
4	3	1	9	2	6	7	8	5
7	5	2	3	4	8	1	9	6
6	8	9	5	7	1	4	2	3
1	9	7	6	5	3	8	4	2
5	6	4	7	8	2	9	3	1
8	2	3	4	1	9	6	5	7

149

6	1	5	3	2	7	4	8	9
8	7	3	4	9	5	1	6	2
2	4	9	1	8	6	7	3	5
4	2	6	9	7	8	5	1	3
5	8	1	2	4	3	6	9	7
3	9	7	5	6	1	2	4	8
9	6	2	8	5	4	3	7	1
1	5	4	7	3	9	8	2	6
7	3	8	6	1	2	9	5	4

150

1	2	3	8	6	9	4	5	7
7	6	5	3	4	2	8	1	9
4	8	9	1	7	5	6	3	2
3	9	4	6	5	1	7	2	8
6	5	2	7	3	8	1	9	4
8	7	1	9	2	4	5	6	3
2	3	6	5	8	7	9	4	1
9	4	8	2	1	6	3	7	5
5	1	7	4	9	3	2	8	6

151

8	3	5	7	2	1	6	9	4
2	1	6	9	4	3	8	7	5
9	7	4	8	5	6	2	3	1
4	8	1	6	3	7	5	2	9
3	2	7	1	9	5	4	8	6
6	5	9	2	8	4	7	1	3
7	9	3	5	6	2	1	4	8
1	6	8	4	7	9	3	5	2
5	4	2	3	1	8	9	6	7

152

9	7	6	8	2	1	4	3	5
2	8	1	5	3	4	7	6	9
4	3	5	9	6	7	1	8	2
6	4	2	3	5	9	8	7	1
8	5	7	4	1	2	6	9	3
3	1	9	7	8	6	5	2	4
1	2	8	6	4	3	9	5	7
5	9	4	2	7	8	3	1	6
7	6	3	1	9	5	2	4	8

153

7	9	4	5	3	8	6	1	2
1	8	5	6	4	2	3	9	7
3	2	6	7	1	9	5	8	4
5	6	3	9	7	1	4	2	8
9	4	1	2	8	5	7	3	6
8	7	2	4	6	3	9	5	1
6	5	9	8	2	4	1	7	3
2	3	7	1	5	6	8	4	9
4	1	8	3	9	7	2	6	5

154

4	8	2	9	1	6	7	5	3
6	7	1	3	5	8	9	2	4
3	9	5	2	7	4	6	8	1
5	1	7	8	6	9	3	4	2
9	2	6	4	3	5	1	7	8
8	4	3	7	2	1	5	9	6
1	5	4	6	9	2	8	3	7
2	3	9	1	8	7	4	6	5
7	6	8	5	4	3	2	1	9

155

4	6	1	3	5	2
2	3	5	6	4	1
3	2	6	5	1	4
1	5	4	2	6	3
5	4	3	1	2	6
6	1	2	4	3	5

156

5	3	4	6	1	2
6	2	1	5	4	3
1	4	3	2	5	6
2	5	6	4	3	1
3	6	5	1	2	4
4	1	2	3	6	5

157

2	4	3	5	1	6
5	6	1	2	4	3
4	3	2	1	6	5
1	5	6	4	3	2
6	2	4	3	5	1
3	1	5	6	2	4

158

6	5	4	1	2	3
1	2	3	4	5	6
3	1	6	2	4	5
5	4	2	3	6	1
4	3	5	6	1	2
2	6	1	5	3	4

159

1	3	2	4	5	6
6	5	4	1	2	3
5	4	1	6	3	2
3	2	6	5	4	1
2	1	5	3	6	4
4	6	3	2	1	5

160

2	1	3	4	6	5
6	5	4	3	1	2
5	3	2	1	4	6
4	6	1	2	5	3
1	2	6	5	3	4
3	4	5	6	2	1

161

5	2	6	1	4	3
1	4	3	6	5	2
3	5	2	4	1	6
4	6	1	2	3	5
6	3	4	5	2	1
2	1	5	3	6	4

162

2	3	6	4	1	5
5	4	1	6	3	2
3	6	2	5	4	1
4	1	5	3	2	6
1	5	4	2	6	3
6	2	3	1	5	4

163

4	1	3	5	2	6
2	6	5	3	1	4
3	2	1	4	6	5
5	4	6	2	3	1
6	5	2	1	4	3
1	3	4	6	5	2

164

2	1	6	5	3	4
3	4	5	6	2	1
4	6	1	2	5	3
5	3	2	1	4	6
1	5	4	3	6	2
6	2	3	4	1	5

165

3	4	1	2	5	6
6	5	2	3	1	4
2	3	6	1	4	5
5	1	4	6	2	3
1	6	5	4	3	2
4	2	3	5	6	1

166

4	2	5	3	1	6
3	6	1	4	2	5
1	4	6	2	5	3
2	5	3	1	6	4
5	3	2	6	4	1
6	1	4	5	3	2

167

6	2	5	4	3	1
3	1	4	5	6	2
4	3	1	2	5	6
5	6	2	3	1	4
1	4	3	6	2	5
2	5	6	1	4	3

168

1	2	5	4	6	3
6	4	3	5	2	1
2	3	6	1	5	4
4	5	1	2	3	6
5	6	4	3	1	2
3	1	2	6	4	5

169

5	2	4	6	1	3
1	3	6	2	5	4
2	6	3	5	4	1
4	5	1	3	2	6
6	1	2	4	3	5
3	4	5	1	6	2

170

1	6	3	2	4	5
4	5	2	3	6	1
2	1	6	4	5	3
5	3	4	1	2	6
3	4	5	6	1	2
6	2	1	5	3	4

171

1	3	5	2	4	6
6	4	2	5	1	3
2	1	6	3	5	4
4	5	3	6	2	1
3	2	1	4	6	5
5	6	4	1	3	2

172

1	2	3	4	5	6
4	5	6	1	3	2
6	3	1	2	4	5
5	4	2	3	6	1
3	1	5	6	2	4
2	6	4	5	1	3

173

9	6	5	7	1	4	2	8	3
3	7	8	6	2	9	5	1	4
1	2	4	5	8	3	7	9	6
4	1	6	2	3	7	8	5	9
7	5	3	8	9	6	1	4	2
8	9	2	4	5	1	6	3	7
6	8	7	3	4	5	9	2	1
2	3	1	9	6	8	4	7	5
5	4	9	1	7	2	3	6	8

174

8	5	9	7	3	4	1	2	6
1	7	4	9	2	6	3	5	8
6	2	3	1	8	5	9	4	7
5	1	6	3	9	8	2	7	4
4	9	2	6	5	7	8	1	3
3	8	7	4	1	2	5	6	9
9	4	1	5	6	3	7	8	2
7	3	8	2	4	1	6	9	5
2	6	5	8	7	9	4	3	1

175

1	2	5	8	4	6	9	7	3
3	4	6	5	9	7	2	8	1
8	7	9	2	1	3	5	6	4
5	6	3	7	8	9	4	1	2
2	1	7	6	3	4	8	9	5
4	9	8	1	5	2	7	3	6
9	3	1	4	2	8	6	5	7
7	8	2	3	6	5	1	4	9
6	5	4	9	7	1	3	2	8

176

3	7	4	1	2	8	5	9	6
9	8	5	3	6	7	4	2	1
6	1	2	4	5	9	7	3	8
2	3	1	8	7	5	6	4	9
5	6	9	2	4	1	3	8	7
7	4	8	9	3	6	1	5	2
8	9	6	5	1	4	2	7	3
1	5	3	7	8	2	9	6	4
4	2	7	6	9	3	8	1	5

177

4	3	9	2	1	8	7	5	6
7	1	8	5	6	3	4	2	9
2	6	5	4	7	9	1	8	3
8	4	3	1	2	5	6	9	7
9	5	2	6	3	7	8	1	4
1	7	6	9	8	4	5	3	2
6	2	7	8	9	1	3	4	5
3	8	4	7	5	2	9	6	1
5	9	1	3	4	6	2	7	8

178

3	8	1	2	5	9	4	7	6
4	5	7	6	1	3	8	9	2
9	2	6	7	4	8	5	3	1
1	3	8	9	6	4	7	2	5
6	7	9	5	8	2	3	1	4
5	4	2	1	3	7	6	8	9
7	6	5	8	9	1	2	4	3
8	9	3	4	2	6	1	5	7
2	1	4	3	7	5	9	6	8

179

6	3	8	4	9	2	1	7	5
7	2	9	1	6	5	8	3	4
5	4	1	8	7	3	2	6	9
3	9	5	2	4	6	7	1	8
4	1	2	3	8	7	9	5	6
8	6	7	9	5	1	4	2	3
9	5	6	7	2	8	3	4	1
1	7	4	6	3	9	5	8	2
2	8	3	5	1	4	6	9	7

180

3	2	4	8	5	7	1	9	6
1	8	7	6	9	3	5	4	2
9	6	5	1	4	2	3	8	7
4	7	3	9	6	8	2	1	5
2	5	1	7	3	4	9	6	8
6	9	8	2	1	5	4	7	3
5	1	6	3	8	9	7	2	4
7	4	9	5	2	6	8	3	1
8	3	2	4	7	1	6	5	9

181

3	9	2	1	6	8	5	7	4
4	1	8	7	5	3	9	6	2
6	5	7	2	4	9	8	3	1
9	2	1	6	8	7	4	5	3
7	6	5	4	3	2	1	8	9
8	3	4	9	1	5	7	2	6
1	8	6	5	2	4	3	9	7
5	4	9	3	7	6	2	1	8
2	7	3	8	9	1	6	4	5

182

8	2	4	1	6	5	7	3	9
1	5	3	9	4	7	6	2	8
7	6	9	8	3	2	1	4	5
6	3	7	4	9	1	8	5	2
5	9	8	6	2	3	4	1	7
4	1	2	7	5	8	3	9	6
9	8	1	2	7	4	5	6	3
3	4	6	5	8	9	2	7	1
2	7	5	3	1	6	9	8	4

183

8	2	3	7	9	5	1	4	6
7	1	5	2	4	6	9	8	3
6	9	4	3	8	1	2	5	7
1	8	7	6	3	4	5	9	2
2	5	6	9	1	7	8	3	4
3	4	9	8	5	2	6	7	1
4	3	2	5	6	9	7	1	8
9	6	1	4	7	8	3	2	5
5	7	8	1	2	3	4	6	9

184

5	4	2	7	1	6	8	9	3
8	9	1	3	5	4	2	7	6
6	3	7	9	2	8	1	4	5
9	2	5	1	8	7	3	6	4
4	1	8	6	3	9	7	5	2
7	6	3	5	4	2	9	8	1
2	5	9	8	6	1	4	3	7
1	7	6	4	9	3	5	2	8
3	8	4	2	7	5	6	1	9

185

7	9	1	8	4	6	2	5	3
6	2	5	7	9	3	8	4	1
4	8	3	1	5	2	7	6	9
3	7	9	5	6	1	4	8	2
8	6	4	2	7	9	3	1	5
5	1	2	3	8	4	9	7	6
9	4	7	6	2	5	1	3	8
1	5	8	9	3	7	6	2	4
2	3	6	4	1	8	5	9	7

186

7	6	5	3	4	8	1	2	9
2	3	4	9	1	5	8	7	6
1	9	8	2	7	6	5	3	4
4	1	6	5	2	3	9	8	7
3	5	7	4	8	9	6	1	2
8	2	9	1	6	7	3	4	5
6	4	3	8	5	2	7	9	1
9	7	1	6	3	4	2	5	8
5	8	2	7	9	1	4	6	3

187

9	5	8	6	2	3	4	7	1
2	1	6	7	5	4	3	8	9
7	4	3	9	1	8	6	5	2
6	9	4	3	8	5	2	1	7
3	8	7	2	9	1	5	4	6
1	2	5	4	6	7	9	3	8
8	7	9	5	4	2	1	6	3
4	6	1	8	3	9	7	2	5
5	3	2	1	7	6	8	9	4

188

1	2	4	3	5	9	6	8	7
5	3	9	7	8	6	1	4	2
8	7	6	2	1	4	3	9	5
2	8	7	1	6	5	9	3	4
6	9	1	4	7	3	2	5	8
4	5	3	8	9	2	7	6	1
7	6	2	5	3	8	4	1	9
9	4	5	6	2	1	8	7	3
3	1	8	9	4	7	5	2	6

189

9	1	8	3	2	5	7	6	4
6	5	3	4	9	7	1	2	8
4	2	7	1	6	8	3	5	9
3	4	5	2	1	9	8	7	6
7	9	2	8	5	6	4	1	3
8	6	1	7	4	3	2	9	5
5	8	4	6	7	1	9	3	2
2	7	6	9	3	4	5	8	1
1	3	9	5	8	2	6	4	7

190

8	1	2	9	4	6	3	5	7
7	5	3	2	8	1	6	4	9
4	9	6	5	7	3	8	1	2
2	3	1	8	5	7	4	9	6
9	4	5	6	1	2	7	3	8
6	7	8	4	3	9	1	2	5
5	6	4	3	9	8	2	7	1
1	2	9	7	6	4	5	8	3
3	8	7	1	2	5	9	6	4

191

5	6	4	1	2	3
3	2	1	6	4	5
4	1	3	2	5	6
6	5	2	4	3	1
1	4	5	3	6	2
2	3	6	5	1	4

192

1	2	5	3	6	4
4	3	6	5	1	2
2	6	4	1	3	5
5	1	3	4	2	6
6	5	1	2	4	3
3	4	2	6	5	1

193

3	5	6	2	1	4
4	1	2	5	6	3
5	2	3	6	4	1
1	6	4	3	2	5
2	3	1	4	5	6
6	4	5	1	3	2

194

3	4	6	2	5	1
1	2	5	3	6	4
5	6	4	1	2	3
2	1	3	6	4	5
4	3	2	5	1	6
6	5	1	4	3	2

195

3	4	2	1	6	5
5	6	1	4	3	2
4	2	6	3	5	1
1	3	5	6	2	4
6	5	4	2	1	3
2	1	3	5	4	6

196

3	2	5	4	1	6
1	4	6	2	3	5
2	6	3	1	5	4
5	1	4	6	2	3
4	3	1	5	6	2
6	5	2	3	4	1

197

1	5	4	6	2	3
3	6	2	5	4	1
5	4	1	2	3	6
6	2	3	1	5	4
4	1	5	3	6	2
2	3	6	4	1	5

198

4	6	2	3	1	5
3	5	1	4	2	6
2	1	4	5	6	3
5	3	6	2	4	1
1	4	3	6	5	2
6	2	5	1	3	4

199

2	4	5	6	1	3
3	6	1	2	5	4
6	1	3	5	4	2
5	2	4	1	3	6
1	3	2	4	6	5
4	5	6	3	2	1

200

5	6	4	2	3	1
2	3	1	4	6	5
6	4	5	3	1	2
1	2	3	5	4	6
4	1	2	6	5	3
3	5	6	1	2	4

201

4	2	1	6	3	5
5	6	3	1	4	2
2	4	6	3	5	1
1	3	5	2	6	4
3	1	4	5	2	6
6	5	2	4	1	3

202

2	4	1	6	3	5
3	6	5	2	1	4
5	3	6	1	4	2
4	1	2	5	6	3
6	2	4	3	5	1
1	5	3	4	2	6

203

5	4	1	3	6	2
2	6	3	4	1	5
6	5	2	1	4	3
1	3	4	2	5	6
3	1	5	6	2	4
4	2	6	5	3	1

204

1	3	2	4	5	6
5	4	6	3	1	2
6	5	4	1	2	3
3	2	1	6	4	5
4	6	5	2	3	1
2	1	3	5	6	4

205

4	6	2	5	3	1
1	3	5	6	2	4
3	2	1	4	5	6
5	4	6	2	1	3
2	1	4	3	6	5
6	5	3	1	4	2

206

6	1	4	2	3	5
5	3	2	1	6	4
2	4	3	6	5	1
1	5	6	3	4	2
4	6	1	5	2	3
3	2	5	4	1	6

207

4	3	6	5	1	2
5	1	2	3	4	6
3	2	5	1	6	4
6	4	1	2	5	3
1	6	3	4	2	5
2	5	4	6	3	1

208

1	2	3	5	4	6
4	5	6	2	1	3
2	6	4	3	5	1
5	3	1	4	6	2
6	4	2	1	3	5
3	1	5	6	2	4

209

1	9	5	4	2	8	6	3	7
4	3	7	1	9	6	2	8	5
2	8	6	7	5	3	4	9	1
8	5	4	6	1	9	3	7	2
3	6	2	5	4	7	9	1	8
9	7	1	3	8	2	5	4	6
7	2	9	8	3	5	1	6	4
5	1	8	9	6	4	7	2	3
6	4	3	2	7	1	8	5	9

210

1	8	3	7	6	2	9	4	5
2	7	9	8	5	4	1	6	3
4	5	6	1	9	3	8	2	7
5	2	1	3	4	8	6	7	9
9	6	8	2	7	5	3	1	4
7	3	4	6	1	9	2	5	8
3	1	5	4	8	6	7	9	2
8	9	7	5	2	1	4	3	6
6	4	2	9	3	7	5	8	1

211

7	5	3	9	8	2	4	6	1
1	9	2	5	6	4	7	3	8
6	4	8	1	7	3	2	9	5
9	3	5	2	1	6	8	7	4
2	1	7	3	4	8	6	5	9
4	8	6	7	5	9	3	1	2
8	7	9	6	2	1	5	4	3
3	6	4	8	9	5	1	2	7
5	2	1	4	3	7	9	8	6

212

3	5	9	1	7	2	4	8	6
1	6	4	8	3	5	7	2	9
7	8	2	4	6	9	1	3	5
9	2	3	6	8	1	5	7	4
5	7	6	3	2	4	8	9	1
4	1	8	9	5	7	2	6	3
2	3	5	7	4	6	9	1	8
6	9	7	5	1	8	3	4	2
8	4	1	2	9	3	6	5	7

213

7	6	8	1	3	2	9	5	4
3	5	9	6	4	7	2	1	8
1	4	2	5	8	9	6	3	7
8	3	5	2	6	4	7	9	1
2	9	7	3	1	5	8	4	6
6	1	4	9	7	8	3	2	5
5	7	3	4	9	6	1	8	2
9	2	6	8	5	1	4	7	3
4	8	1	7	2	3	5	6	9

214

6	4	7	1	8	3	5	9	2
3	2	8	9	7	5	6	1	4
9	5	1	6	4	2	8	3	7
2	7	6	8	5	1	3	4	9
4	1	3	2	9	6	7	5	8
5	8	9	7	3	4	1	2	6
1	6	5	4	2	7	9	8	3
7	9	2	3	1	8	4	6	5
8	3	4	5	6	9	2	7	1

215

7	4	3	1	2	5	8	6	9
9	8	1	4	6	3	5	2	7
2	5	6	7	9	8	1	3	4
3	1	9	6	8	4	7	5	2
8	6	5	2	1	7	4	9	3
4	7	2	3	5	9	6	8	1
5	2	8	9	7	1	3	4	6
1	9	4	8	3	6	2	7	5
6	3	7	5	4	2	9	1	8

216

9	8	4	5	2	3	6	1	7
7	5	2	9	1	6	3	8	4
1	6	3	4	8	7	9	2	5
6	4	7	1	9	8	5	3	2
3	2	9	7	6	5	1	4	8
5	1	8	2	3	4	7	6	9
2	9	6	8	7	1	4	5	3
4	7	1	3	5	2	8	9	6
8	3	5	6	4	9	2	7	1

217

6	3	4	8	1	5	2	7	9
8	7	9	3	6	2	1	5	4
5	2	1	9	7	4	8	6	3
4	1	3	2	5	6	9	8	7
7	5	2	1	8	9	3	4	6
9	6	8	4	3	7	5	2	1
2	8	7	6	9	3	4	1	5
1	9	6	5	4	8	7	3	2
3	4	5	7	2	1	6	9	8

218

5	3	1	6	8	4	7	9	2
6	7	8	2	9	5	3	4	1
9	4	2	7	3	1	8	5	6
8	6	3	9	4	2	1	7	5
1	9	4	5	7	8	6	2	3
7	2	5	3	1	6	4	8	9
3	8	6	4	2	9	5	1	7
2	1	7	8	5	3	9	6	4
4	5	9	1	6	7	2	3	8

219

5	7	1	9	8	2	6	3	4
3	4	2	6	5	1	9	8	7
9	8	6	4	7	3	1	5	2
1	5	9	8	2	4	3	7	6
4	6	8	7	3	9	5	2	1
7	2	3	5	1	6	8	4	9
6	3	7	1	4	8	2	9	5
2	1	4	3	9	5	7	6	8
8	9	5	2	6	7	4	1	3

220

4	9	6	7	1	3	5	2	8
7	1	8	2	9	5	3	6	4
2	5	3	4	6	8	7	9	1
5	3	7	6	8	1	2	4	9
1	8	9	3	2	4	6	7	5
6	4	2	9	5	7	1	8	3
3	6	1	8	7	9	4	5	2
8	7	5	1	4	2	9	3	6
9	2	4	5	3	6	8	1	7

221

6	2	7	3	4	1	9	8	5
4	8	3	5	7	9	6	2	1
9	1	5	2	8	6	7	4	3
1	3	6	9	2	5	8	7	4
7	4	9	8	6	3	5	1	2
2	5	8	4	1	7	3	6	9
3	6	1	7	9	4	2	5	8
8	9	4	6	5	2	1	3	7
5	7	2	1	3	8	4	9	6

222

9	3	2	4	1	7	6	8	5
7	8	1	6	9	5	2	4	3
4	6	5	8	2	3	1	9	7
1	4	3	7	8	6	9	5	2
8	2	7	5	3	9	4	6	1
5	9	6	1	4	2	7	3	8
3	1	8	9	7	4	5	2	6
2	5	9	3	6	1	8	7	4
6	7	4	2	5	8	3	1	9

223

4	6	9	8	3	7	5	1	2
3	2	1	4	6	5	9	7	8
7	5	8	2	9	1	6	3	4
6	9	4	7	5	8	1	2	3
5	1	3	6	4	2	8	9	7
8	7	2	9	1	3	4	6	5
9	3	5	1	7	4	2	8	6
1	8	7	5	2	6	3	4	9
2	4	6	3	8	9	7	5	1

224

1	4	8	5	7	9	6	3	2
3	5	9	6	2	8	1	7	4
7	2	6	4	1	3	8	9	5
5	7	4	3	9	6	2	1	8
6	1	3	7	8	2	4	5	9
8	9	2	1	4	5	7	6	3
4	3	5	8	6	1	9	2	7
2	8	1	9	5	7	3	4	6
9	6	7	2	3	4	5	8	1

225

1	4	9	7	3	8	2	6	5
7	5	3	9	2	6	1	8	4
8	6	2	5	4	1	3	7	9
3	7	1	8	5	4	9	2	6
4	9	8	3	6	2	7	5	1
6	2	5	1	7	9	4	3	8
5	1	4	2	8	3	6	9	7
2	8	6	4	9	7	5	1	3
9	3	7	6	1	5	8	4	2

226

9	7	2	5	6	4	8	1	3
3	6	8	1	2	7	4	5	9
5	1	4	8	9	3	7	6	2
1	5	7	6	8	2	9	3	4
2	8	6	3	4	9	1	7	5
4	3	9	7	5	1	2	8	6
8	2	3	4	7	5	6	9	1
6	4	1	9	3	8	5	2	7
7	9	5	2	1	6	3	4	8

AI学习助手
24小时在线为您服务
高手训练营
精选练习题，
由浅入深敲开数独大门。
和AI学习助手一起
勇闯数字迷宫
即刻扫码
解题技巧集
思维有妙式，
带你找到解题方法。
数学游乐园
乐学小课堂，
用游戏激发学习兴趣。